法令・判例学習のツボとコツ

福本知行 著

法律文化社

　　　　　　は　し　が　き

　本書は、前著『法学学習のツボとコツ　法令・判例読解指南之書』をリニューアルし、法および法学の基本的なツールである法令と判例がどのようなもので、どのように使われているかを解説することを通じて、法および法学のいわば「楽屋裏」をお見せすることを目的として執筆しました。前著がおもに念頭に置いていた、法学を学び始めて間もない法学部（あるいは法科大学院の未習者コース）の学生のみなさんのためのテキストとしての役割に加えて、より多くのみなさんに法および法学に興味と関心を持って頂き、その果たす役割を知って頂くことも念頭に置いています。あらかじめ、その意図を説明しておきましょう。

　法および法学が果たす社会的役割を深く理解してもらう機会は従来、おもに大学の法学部における教育を通じて提供されてきました。戦後、法学部が全国各地に次々に新設されるとともに、数多くの学生が一定水準——それが十分なものであったかはしばらく措きます——の法的素養を身につけて、わが国の社会のあらゆる方面に輩出され、彼らは社会の様々な場面で活躍してきました。そのことが、わが国の社会の平和と安定に寄与し、さらには国民一般の法意識に少なからず影響を及ぼしてきたことも、事実でしょう。法科大学院の創設に際して、従来の法学部がほぼそのままの形で存続することになったのも、そこには一握りの法律専門家（法曹）を養成することに特化した法科大学院における教育では代替できない価値があることが——積極的か、消極的かは別として——承認された結果と見ることができます。それにもかかわらず、わが国の法学界及び法律実務は、法科大学院の設置いらい 10 年この方、法科大学院における教育と法科大学院を中核とする法曹養成制度とを、どうにか安定的に運営して行くことに莫大なエネルギーをつぎ込み、法曹養成と直接に関係しない部分で、これまで法学部が地道に行なってきたことを、いかにして承継・発展させるか（あるいは、歴史的使命を終えたと断ずるか）、さらには、法あるいは法学が果たす社会的役割は何なのか、といったことについては、あまり活発に議論されることがなく、ましてやこれを言語化して社会一般に深く理解してもらう作業は、ほとんど手掛けられていません。
　こうした状況がこれ以上続くことは、中長期的に見れば、わが国の社会の法的な水準あるいは平均的な法意識の緩やかな低下を招くのではないかと著者は、

はしがき

危惧します。現に、法学部生といえば法曹志望者が多数という、現在でも拭いがたく残っている実態を伴わないイメージと、法科大学院を経て司法試験に合格しても弁護士業界は飽和状態で、就職難が待っているらしい、という時としていささか誇張気味に喧伝されているイメージとが奇妙に結びつき、法学部で法あるいは法学を学ぶことを志望する人じたいが減少しているようです。これは、法的素養を身につけた社会人の絶対数の減少を招き、法および法学が果たす社会的役割を理解してもらう機会を、いっそう減少させるかもしれません。

　その一方で、高校までの学校教育においては、学習指導要領の改訂に伴い、法教育（児童・生徒からみれば法関連学習）の充実が喫緊の課題となっています。そのため、従来ほとんど見られなかった、学校関係者と法律専門家（研究者・実務家）との交流が、次第に盛り上がりを見せています。このような動きの中では、一方において、大学におけるこれまでの法学の研究・教育の成果を高校までの学校教育の現場に適切に還元することが求められるとともに、学生が大学入学までに身につける法知識・法意識は次第に「底上げ」されるはずですから、大学における法学教育のあり方も変容を迫られることが予想されます。

　このような認識の下、本書は次のような皆さんを読者として想定しました。まず、法学部（および法科大学院の未習者コース）の新入生のみなさんは、法令・判例という、これから法および法学を学ぶ上で必須となるツールとの付き合い方を理解するために利用できます。高校生のみなさんも、本書を通じて、法および法学を学ぶことが、どのような役に立つのかを知ることで、進路選択の参考に利用できます。進路選択にあれこれ悩んでいるという人はもちろん、そもそも法学なんて初めから眼中にないという人も、一読すれば興味・関心がわいてくることでしょう。法学部以外の学生のみなさん、あるいは法学以外を専攻した社会人のみなさんは、法学を学んだ人間が何を使ってどういう考え方をするのか、またそのような人間が社会に広く存在することで、どのようなよいことがあるのか、その一端を理解することができます。また高校までの学校教育で法教育を担当される先生方にも、参考になるのではないかと思います。

　本書の執筆にあたっては、金沢大学法学類4期生（本年4月より、中央大学法科大学院に進学）の野澤航介君と、6期生の表真由美さんが、ユーザーである学生の立場から数々の建設的かつ有益な提案をしてくれました。ここに記して御礼と致します。

はしがき

　おわりに、私事にわたり大変恐縮ですが、さる2012年4月25日に、交通事故により急逝した、大山裕樹君（当時、金沢大学法学類3年生）に本書を捧げることをお許しください。大山君は、いわゆるゼミ生ではなかったものの、法学類内の法律系サークル（法律相談所および模擬裁判会）のメンバーとその顧問教員という関係で、入学当初から懇意にしていた上に、事故現場が私の職場である金沢大学角間キャンパス内を通る県道上であったこともあり、訃報に接したときに私が受けた衝撃は極めて大きいものでした。今は、静かに大山君の冥福を祈るばかりです。

2015年10月

　　　　　　　　　　　　　　　　　　　　　　　金沢大学法学類准教授
　　　　　　　　　　　　　　　　　　　　　　　福本　知行

目次

はしがき

第1部 法令読解の部

第1章 法令との出会い …………………………………… 3

第1節 心の準備　3
　第1項　法（ルール）に対するイメージをふくらませよう　3
　第2項　とくに法学を学ぶ学生のみなさんへ　5
第2節 法令集（六法）について　6
　第1項　はじめての六法　6
　第2項　判例付六法　8
　第3項　その他の六法　8
　第4項　六法に載っていない法令を探す　9
第3節 六法にまつわる迷信　10
　第1項　「六法」のかもし出すネガティブ・イメージ　10
　第2項　法律屋は「六法」を暗記している？　11
　第3項　法律の試験は「六法」に書いてある条文を再現するもの？　12
　第4項　「六法」にはあらゆる法律が載っている？　12
　第5項　「六法」に載っているのは法律だけである？　13

第2章 法令の編成について …………………………………… 14

第1節 法令の題名、法令番号と法令の公布　14
　第1項　法令の題名について(①)　14
　第2項　法令の公布について(②)　16
　第3項　法令番号について(③)　16
第2節 法令の施行と改正　17
　第1項　法令の施行　18
　第2項　法令の改正　18

第3節　法令の目次について　　21
　　　第1項　　法令における条文のまとまり　21
　　　第2項　　目次の有用性　21
　　　第3項　　よく出てくる題名について　22
　　　　（1）総　則　22　（2）雑則・補則　24　（3）罰則　24
　　第4節　公布文について　　25
　　第5節　法令の前文　　25
　　第6節　本則と附則　　26
　　第7節　条文の見出しについて　　26
　　第8節　別表について　　27
　　第9節　附則について　　29
　　　第1項　　法令の施行期日について　29
　　　第2項　　関係法令の改廃措置　29
　　　第3項　　経過措置　30
　　　第4項　　その他　31

第3章　法令の文法①〜条文の編成と構造　　33

　　第1節　条文の表記・用字について　　33
　　第2節　条文の用語について　　36
　　　第1項　　輸入学問の宿命　36
　　　第2項　　カタカナ語は分かりやすいか？　37
　　　第3項　　分かりやすさと厳密さのはざまで　39
　　第3節　条の構造について　　40
　　　第1項　　センテンスが単数の場合　40
　　　第2項　　センテンスが複数の場合その①〜条の細分化　40
　　　第3項　　センテンスが複数の場合その②〜前段・後段　41
　　　第4項　　センテンスが複数の場合その③〜本文とただし書　43
　　　第5項　　多くの事項を列挙する場合〜号　45
　　第4節　条どうしの関連性について　　46
　　　第1項　　条文中で別の条文を指示する方法　46
　　　第2項　　準用規定　47
　　　第3項　　「例による」　49
　　　第4項　　六法の参照条文欄　49
　　第5節　条文の引用法について　　51

目　次

第 4 章　法令の文法②～基本法令用語集 …………………… 53

第 1 節　数量的限定　53
第 1 項　数量的限定を表す用語　53
第 2 項　期間と期限　53
（1）期　間　54　　（2）期　限　56
第 3 項　時間的要素に関わるその他の用語　56
（1）「直ちに」「遅滞なく」「速やかに」～即時性を表す用語　56　　（2）「当分の間」～実は無期限？！　57

第 2 節　単語・句をつなぐ接続詞・接続的表現　58
第 1 項　並列的接続　58
（1）2 つのものを並列的につなぐ場合　58　　（2）3 つ以上の同レベルのものを並列的につなぐ場合　59　　（3）並列関係に階層がある場合①～階層が 2 段階の場合　59　　（4）並列関係に階層がある場合②～階層が 3 段階以上の場合　60　　（5）「かつ」　60
第 2 項　選択的接続　61
（1）2 つのものを選択的につなぐ場合　62　　（2）3 つ以上の同レベルのものを選択的につなぐ場合　62　　（3）選択関係に階層がある場合①～階層が 2 段階の場合　62　　（4）選択関係に階層がある場合②～階層が 3 段階以上の場合　63
第 3 項　その他の接続的表現　65
（1）仮定条件節　65　　（2）関連性の表示　66　　（3）因果関係　67

第 3 節　文末表現　67
第 1 項　命令と禁止　68
（1）命　令　68　　（2）禁　止　69　　（3）その他の義務づけ　70
第 2 項　許　容　71
第 3 項　擬　制　72

第 4 節　その他の若干の用語　73
第 1 項　除　外　73
第 2 項　「その他」と「その他の」　74

第 5 章　法令の読解の後に ……………………………………… 75

第 1 節　条文から抽出されるルールの重要性　75
第 2 節　不文法の重要性　76
第 3 節　ルールの背後にある原理・原則の探求　77
第 4 節　新たなルールを考案することの重要性　78

目　次

第 2 部　判例読解の部

第 1 章　判例が分からない …………………………………… 83

第 2 章　判例学習の基礎 …………………………………… 85

第 1 節　そもそも「判例」とは何か？　85
第 2 節　判例の社会的役割　86
　第 1 項　抽象的・一般的な成文法ルールの具体化・明確化　87
　第 2 項　成文法ルールの欠缺補充（判例による法創造）　87
第 3 節　判例との付き合い方　88
　第 1 項　レベル 1・知識として
　　　　　〜どのような問題にどのような判例があるかを把握する〜　88
　第 2 項　レベル 2・条文の抽象的文言の具体化
　　　　　〜事案に即して法令の意味内容を理解する〜　89
　第 3 項　レベル 3・体系的位置づけ
　　　　　〜その法分野における当該判例の位置づけを考える〜　89
　第 4 項　レベル 4・判例の射程の明確化
　　　　　〜当該判例と他の判例との整合性を考える〜　90
　第 5 項　心構え　91

第 3 章　判例の読解——基本編 …………………………………… 93

第 1 節　判例との出会い　93
第 2 節　判例の出典表示とその読み方　95
　第 1 項　裁判をした裁判所の表示（①）　95
　　（1）最高裁判所（最高裁）　96　　（2）高等裁判所（高裁）　96　　（3）地方裁判所（地裁）・家庭裁判所（家裁）　97　　（4）簡易裁判所（簡裁）　97　　（5）日本国憲法施行前の裁判所の表示　97
　第 2 項　裁判の種類の表示（②）　98
　　（1）判　決　98　　（2）決　定　99
　第 3 項　裁判がなされた年月日の表示（③）　99
　第 4 項　出典の表示（④）　99
　　（1）公式の判例集　100　　（2）おもな判例雑誌　100

目　次

第3節　判例百選シリーズの読み方　100
　第1項　事件番号（①）　101
　第2項　事件名（②）　101
　第3項　事実の概要　102
　第4項　判旨の読み方　104
　第5項　解説と参考文献欄の使い方　105
第4節　判例集・判例雑誌との出会い　106
　第1項　判例集・判例雑誌から得られる基本情報　107
　第2項　裁判の結果（①）　108
　第3項　当事者、代理人・弁護人の表示（②）　110
　第4項　裁判の経過（③）　111
　第5項　判例集の判示事項、判決・決定要旨、判例雑誌の見出し（④）　111
　第6項　参照条文（⑤）　112
第5節　具体的テーマに関連する判例の検索　112

第4章　判例の読解——応用編　113

第1節　最高裁の判決文を読む　113
　第1項　破棄判決　113
　　（1）原審の適法に確定した事実関係（①）　117　　（2）原審の判断の要約（②）　118　　（3）上告裁判所の判断①〜一般命題の定立（③）　118　　（4）上告裁判所の判断②〜一般命題の事件への当てはめ（④）　119　　（5）結論部分（⑤）　119
　第2項　上告棄却判決　119
　第3項　刑事上告事件の場合　120
　第4項　その他の留意点　121
　　（1）少数意見　121　　（2）事例判断と新判例　122　　（3）昔の判例を読む場合　124
第2節　裁判の経過を追ってみる　124
　第1項　第1審裁判所の裁判　①　127
　　（1）当事者の求めた裁判（①）　131　　（2）当事者の主張（②）　132　　（3）証　拠（③）　134　　（4）証拠の摘示（④）　138　　（5）事実の認定（⑤）　139　　（6）一般命題の定立（⑥）　139　　（7）一般命題の適用（⑦）　140
　第2項　第1審裁判所の裁判　②　140
　第3項　控訴裁判所の裁判　143
　第4項　上告理由・上告受理申立て理由　154

第5項　上告裁判所の裁判　　156
　　第6項　その他の留意点　　159

第5章　さらに進んだ判例学習のために　……………………　160

　第1節　判例評釈のありか　　160
　　第1項　ジュリスト臨時増刊　〇〇年度重要判例解説　　160
　　第2項　判例セレクト〇〇　　161
　　第3項　法学セミナー増刊速報判例解説　新・判例解説Watch　　161
　　第4項　ジュリストの「時の判例」コーナー　　161
　　第5項　法曹時報→最高裁判所判例解説　　162
　　第6項　判例評論　　163
　　第7項　法学協会雑誌　　163
　　第8項　民商法雑誌　　163
　　第9項　法律時報別冊　私法判例リマークス　　163
　　第10項　刑事法ジャーナル　　163
　　第11項　その他　　164
　第2節　判例学習の成果を報告する　　164
　　第1項　判例研究をする上での作業のあらまし　　165
　　　（1）判例そのものの読解と整理　165　　（2）分析と展開　165
　　第2項　判例そのものの読解と整理　　166
　　　（1）事案の概要　166　　（2）裁判の経過　166　　（3）裁判所の判断　167
　　第3項　分析と展開　　167
　　　（1）検討対象となっている判例の意義　167　　（2）先例・学説の紹介、整理　167　　（3）判例の事後評価　168　　（4）私見の提示　169
　　第4項　その他　　169

練習問題の解答と解説　　170

第1部 法令読解の部

第1章 法令との出会い

第1節　心の準備

第1項　法（ルール）に対するイメージをふくらませよう

　みなさんが「ルール」（決まり）の言うとおりに振舞うことで、社会の秩序が維持され、まわりの人々と仲良く生活することができるのは間違いないでしょうから、みなさんとしては「ルール」（決まり）がどのような内容のものなのかを知る——あるいは、必要に迫られて知ろうと思えばすぐに知ることができるようになっておく——ことは、社会生活を送る上で重要なことでしょう。そして、今の世の中、「ルール」の多くは条文の形で存在しますから、みなさんは好むと好まずとに関わりなく、条文と上手く付き合うほかありません。それにもかかわらず、みなさんの中には、**「条文なんか見るのもイヤだ！」**という、条文アレルギーとでも診断できそうな人も、けっこういると思います。そこで、第1部では、「条文だいすき！」——これは逆に、少々コワいかも——とはならないまでも、条文と付き合う際に余分な苦労をしなくてもすむ方法を考える手がかりになりそうな情報を提供したいと思います。

　条文アレルギーの背景にはことによると、およそ「ルール」というものに対してみなさんが抱くイメージがあまりよくない、あるいは「ルール」に対するみなさんのスタンスが後ろ向き、ということはないでしょうか？　「ルール」というと、それによって何かを「せよ」あるいは「するな」と指示・命令あるいは禁止してくる、何となくうっとうしいものをイメージするみなさんが多いかもしれません。そして、なぜこんなことを指示・命令されるのか、あるいはなぜこれをすることが禁止されるのかと問うまでもなく、「ルール」の言われたとおりにすることそれ自体が「よいこと、正しいこと」と信じて疑わないというフシがないでしょうか？　もちろん、喜んで言われたとおりにすることもあるでしょうが、言われたとおりにしないと何かしらのペナルティを喰らいそうなので、関わり合いになるのを避けて嫌々ながら言われたとおりにすること（いわゆる「面従腹背」）もあるかもしれません。

第1部　法令読解の部

　「ルール」に対してみなさんが抱くであろう、こうしたイメージは恐らく、刑法あるいは刑事裁判を通じて強固に確立されてきたのではないかと思います。みなさんは、子供のころに、親や学校（あるいは幼稚園・保育園）の先生から、例えば「悪いことをするとお巡りさんに捕まって牢屋に入れられる」、だから「そんな悪いことをしてはいけません！」などと、叱られた経験はないでしょうか？ 親や先生の立場からすれば、子供をしつけて規範意識や遵法精神といったものを身につけさせるために、何か「コワい」ものを持ち出して脅かす、というのは古くから定石のひとつで、かつては神様・仏様の「たたり」とか、幽霊・お化け、果ては狸・狐といったものが持ち出されたところでしょうが、こういったものがだんだんと力をなくすとともに、お巡りさんや牢屋が幅を利かせるようになったのでしょう。いずれにしても、こういった「コワい」ものも総動員して、家庭や学校、地域が、あらゆる機会を捉えて子供の規範意識や遵法精神を育み、それを身につけた人間が社会人となっているからこそ、わが国の社会は、治安や秩序がとてもよいのでしょう。

　その一方でこのことは、法（ルール）に対する後ろ向きなスタンスと、刑法あるいは刑事裁判こそが、社会において法（ルール）が息づいているメインステージであるかのような、いささか限定的・固定的なイメージとを普及させる原因ともなっています。刑法は、ごく単純化すれば、どのような行為が犯罪となり、それに対応してどのような刑罰が科されるか、というルールを集めたカタログのようなもので、ペナルティをチラつかせることで、悪いことをするのを思い止まらせようとしています。そこからはすぐに、禁止や制限、さらにはそれらを刑罰という威嚇によって実現しようとする、まさに「コワい」存在、といったイメージが形成されることでしょう。そのうえ、犯罪捜査や刑事裁判といった、禁止や制限に違反したと疑われる人間を捕まえて真実を明らかにし、処罰を決めるプロセスは、我々が日常的に、直接に肌で経験しているわけでないという意味では、実は極めてレアなところであるにもかかわらず、しばしばドラマや小説のモチーフとなり、あるいは連日のように新聞やテレビで報道されています。まさにレアであるがゆえに、ニュースバリューがあるために、メディアが好んで取り上げ、その社会的役割が増幅して伝えられ、結果として、刑法あるいは刑事裁判こそが、法（ルール）が息づいているメインステージであるかのようなイメージを形成しているのです。

　けれども、刑法あるいは刑事裁判の役割は——もちろんそれがとても重要な

ものであることは否定しません——思いのほか限定的なものにすぎません。例えば、刑事裁判によって、「懲役〇年」というような罰を犯人に与えたところで、犯人が被害者に加えた被害が埋め合わされるはずもなく、被害者はたかだか処罰感情の満足という以上のご利益はありません。つまり、被害者からみれば、被害の埋め合わせのために、刑法あるいは刑事裁判はほとんど無力です。さらに、世の中には犯罪にならなくても、いろいろなもめごとが起こっていることがとても多いのではないでしょうか。例えば、借金の返済が遅れて貸主が困っている場合、それが常に犯罪になるわけでないのは当然で、むしろ犯罪になるのはごく例外でしょう。そして仮に、貸主が刑法・刑事裁判をアテにしてみても、このような場面では「民事不介入」という、何とも有難い逃げ口上が用意されていて、警察権力は関わり合いになることをできるだけ避けようとしますから[1]、貸主としては、刑法・刑事裁判とはまったく別の法（ルール）（＝民法・民事裁判）をアテにするほかありません。つまり、われわれは一緒に社会生活を送っている周りの人々との間で起こるもめごとを解決・調整する場面で、日常的に法（ルール）に関わりを持っていることになります。そしてそこでは、刑法とは異なり、法（ルール）は、もめごとを解決・調整するための基準として現れます。みなさんとしては、法（ルール）には、このような側面もあることをまず理解しておいて下さい。

第2項　とくに法学を学ぶ学生のみなさんへ

　法学を学ぶみなさんにとって、法令（条文）の読み方を身につけることは最も基本的なスキルに違いありません。しかし、各法分野の専門科目は、みなさんがすでに法令（条文）の読み方を十分に身につけていることを当然の前提にして講義をします。大学は高校とは違って学生が主体的に勉強する場所ですから、みなさんがたとえば、「教わっていないもの分かるわけがない！」と文句を言っても始まりません。「それは君の勉強、いやそもそも認識不足だよ」と返さ

---

[1] 「有難い」というのは、仕事をサボる絶好の口実を与えているという意味ではもちろんなく、警察権力による我々の自由に対する制約が自制されている、という意味です。なお、一般人に重大な被害が及ぶような事件が起こると、決まり文句のように出てくる「取締まりを強化せよ」あるいは「罰則を設けよ」という議論も、やはり刑法・刑事裁判によって形成された法（ルール）のイメージの所産と言えそうですが、これには注意を要します。往々にして我々は、罰則を設けさえすれば、それに違反するような「不逞の輩」はいなくなり、事件の再発は防止されるはずだという奇妙な安心感にとらわれています。そのような意識はいささか安易であるばかりではなく、世論の後押しに力を得て禁止・制限が膨れ上がり、我々の自由が必要以上に制約されかねないという意味で、危険ですらあります。

第1部　法令読解の部

れるだけで終わりです。ただ、この「当然の前提」にあたることが、これから法学を学ぶみなさんに向けてはっきりと提示されてきたかというと、これまで必ずしもそうではなかったようです。先生方の中には、みなさんの先輩と話をしていて「エー、そんなことも知らんの？！」という、ある種の驚きを感じる方も少なくないようです。そこで第1部では、この「当然の前提」あるいは法学を本格的に学び始めるにあたって、いわば「常識」として知っておかなければならない法令（条文）についての約束ごとを、まとめることにします[2]。

なお、ここにまとめてあることは最低限のこと、あるいは複数の法分野に共通してあてはまることです。したがって、具体例としてたくさんの条文が登場しますが、その意味内容を突っ込んで考えることははじめから予定していません。みなさんは、各法分野に特有の条文の読み解き方については、それぞれの授業科目で習得するとともに、本書よりもさらに詳しい読み解き方を体得するように努めてください[3]。

第2節　法令集（六法）について

第1項　はじめての六法

法律屋あるいはその「タマゴ」である法学を学ぶ学生にとって、**六法は、武**

---

[2] 理科の実験や体育の実技をする前に、先生から安全上の注意を受けると思います。この場合、一歩間違うと命が危ないこともありますから、普通の常識を持った人なら先生の注意を守ると思います。法令についての約束ごとの場合、それを守らない、あるいは知らないままでいたからといって、命の危険にさらされることはまずありませんが、正しいやり方でやらない実験が実験の意味をなさないのと同じく、法令も正しいやり方で読まないと法学の勉強で無用な回り道をすることにもなりかねません。

[3] 参考文献として、林修三『法令用語の常識（第3版）』、『法令解釈の常識（第2版）』、『法令作成の常識（第2版）』（1975・日本評論社）の三部作は、古典的名著といえます。そのほか、山本庸幸『実務立法技術』（2006・商事法務）、吉田利宏『元法制局キャリアが教える　法律を読む技術・学ぶ技術（第2版）』（2007・ダイヤモンド社）、同『元法制局キャリアが教える　法律を読むセンスの磨き方・伸ばし方』（2014・ダイヤモンド社）、同『新法令用語の常識』（2014・日本評論社）、金子宏ほか編集代表『法律学小辞典第4版補訂版』（2008・有斐閣）1287頁以下のうち「基本法令用語」の部分、吉田利宏・いしかわまりこ『法令読解心得帖』（2009・日本評論社）、法令読解研究会編著『そうだったのか！知れば楽しくなる法令の雑学』（2009・ぎょうせい）、川﨑政司『法律学の基礎技法（第2版）』（2013・法学書院）、長野秀幸『法令読解の基礎知識（第1次改訂版）』（2014・学陽書房）、などがあります。

このほか、参議院法制局のホームページに掲載されている「法制執務コラム集」（http://houseikyoku.sangiin.go.jp/column/index.htm）にも、法令に関する面白い「小ネタ」が多数掲載されています。

士の刀のようなものです[4]。法学部あるいは法科大学院の新入生のみなさんは、開講一番、「六法を用意してください」という指示を受けるはずです。そして、そんなみなさんからは、「どの六法を買えばよいですか？」という質問をよく受けますが、はじめての六法としては、下記の2冊のどちらか気に入った方を選べばOKです（いずれも2016年版の仕様）[5]。いわゆる一般教養科目あるいは共通教育科目として法学を学ぶ学生が、六法を用意してくださいと言われたときも、特に「この六法」という指示がなければ、このどちらかを用意すれば、間違いありません。以下の説明も、法令（条文）の読み方といっても、六法の読み方というのとほとんどイコールですから、このどちらかを手元において読み進めてください。

表1-1-1 はじめての六法

タイトル	定価（税別）	収録法令数（参照条文つき）	版元
ポケット六法	1,852円	199件（11件）	有斐閣
デイリー六法	1,850円	235件（18件）	三省堂

　六法の使い勝手の良し悪しは、ユーザーとの相性の問題なので、いちがいには言えません。ごらんの通り値段もそれほど違いませんので、収録されている法令数、法令の掲載順、次の年の六法が発売されるまでの間に手元にあった方がよさそうな条文が載っているか（法令の全文ではなく、主要な条文だけの抄録とされている法令もあります）、条文それ自体以外に、編集者サービスで掲載されている情報の中身や付録などを見ながら決めてください。

　なお、ユーザーが六法を一度使い始めると、その版元の六法になじんでしまい、別の版元の六法に乗り換えることは少ないため、上記の二社とも、新入生に「はじめての六法」として自社の六法を選んでもらうために、手引書を作っています。六法とセットで手に入れるとよいでしょう。

---

[4] このほか、国際法や国際経済法など条約を参照する必要のある授業では、『条約集』を用意する必要があります。条約集には、田中則夫・薬師寺公夫・坂本茂樹編集代表『ベーシック条約集』（東信堂）、奥脇直也編集代表『国際条約集』（有斐閣）があり、六法と同じく毎年改訂されています。これら法を勉強する場合には、担当の先生の指示に従ってください。なお、六法にもいくつかの条約が掲載されていますが、これらの講義を履修するには全然足りません。

[5] かつては岩波書店「はじめての六法」としてお手頃な六法を発売していましたが、2013年版を最後に撤退してしまいました。

第1部　法令読解の部

表1-1-2　六法の版元による六法の手引書

編著者・タイトル	定価（税別）	版元
六法編集室編『有斐閣六法の使い方・読み方』	ポケット六法に附属	有斐閣
法制執務用語研究会『条文の読み方』	800円	
三省堂編修所編『ひと目でわかる六法入門』	800円	三省堂

第2項　判例付六法

　判例付六法は、主要な法令の条文ごとに関連する判例の要旨を体系的に整理・引用し、しかも判例の出典が表示されています。法学部あるいは法科大学院で法学を専門に学ぶ場合、法令だけでなく判例と付き合うことも避けて通れません。そのため、条文と合せてその条文に関連してどのような判例があるのかを手っ取り早く把握することができるという意味で、判例付六法はとても便利なツールです。下記のようなラインナップがあります（いずれも2016年版）。

表1-1-3　判例付六法

タイトル	定価（税別）	収録法令数	収録判例数	版元
判例六法	2,685円	141件	約12,400件	有斐閣
判例六法Professional	5,400円	399件	約13,400件	
模範小六法	2,600円	156件	13,652件	三省堂
模範六法	5,400円	419件	13,772件	

　なお、法学部における法律科目の試験は、多くの場合「六法持ち込み可」という条件で行なわれますが、この場合でも判例付六法の持ち込みは許可されないことが多いようですから、注意してください。と、このように言うと、ただでさえ重たい六法を1冊買ったら、定期試験にも持ち込めない判例付六法なんか買うのはもったいないから嫌だ、と言いたくなる人もいるかもしれません。しかし、日常的に勉強をするうえでは、判例付六法には他のツールに代えがたい独特のよさがありますので、判例付六法をボロボロになるくらいに使いこんでいる先輩をつかまえて体験談を聴いてから判断するのがよいでしょう。

第3項　その他の六法

　現在発売されている六法で一番大きなものは、有斐閣の「六法全書」で、2015

年度版では、収録法令数863件、価格は12,000円（税別）となっています。もっとも、持ち運びが不便なこともあり、法学部や法科大学院の学生でも、個人で六法全書を購入するという人はあまり見たことがありません。次に、司法試験の試験場で貸与される法文と同じものが、「司法試験用六法」として毎年発売されており、これは本番の雰囲気に慣れておきたい受験生が使っています。そのほか、例えば教育六法や戸籍六法など、特殊な法分野に絞って、関係する法令を集中的に掲載する〇〇六法という法令集がたくさん発売されており、それぞれの法分野に関連する仕事をするみなさんにとっては、たいへん重宝ですが、学生が購入する必要はまずないでしょう。

第4項　六法に載っていない法令を探す

　六法は、すべての法令を収録しているわけではありませんから、みなさんは必要に応じて六法に載っていない法令も探せるようになってください[6]。六法に載っていない法令は、大きく分けると、①六法編集者の取捨選択により、収録されないことになった法令、②六法の収録基準日の時点ですでに廃止されている法令、あるいはすでに改正されている法令の改正前の条文のように、現在効力を有しない法令[7]があります。

　まず、①の六法編集者の取捨選択により収録されないことになった法令を探す場合は、**官報**または**法令全書**を参照します。官報は、国立印刷局が発行している新聞のような媒体で、あらゆる法令は官報に掲載する形で公布され、官報に掲載されたものが法令の正文ということになるからです。したがって、みなさんがもし六法編集者が加工する前の法令の正文を参照する必要がある場合も、公布の日に発行された官報を参照することになります。官報はインターネットを利用して閲覧することもできます[8]。法令全書は、官報で公布された法令を1か月ごとにそのままの状態でとりまとめた本なので、検索に便利です。このほか、総務省の電子政府の総合窓口というポータルサイトには、法令データ提供

---

[6]　法令の探し方について詳細は、いしかわまりこ・藤井康子・村井のり子『リーガル・リサーチ　第4版』（2012・日本評論社）の49頁以下、吉田利宏・いしかわまりこ『法令読解心得帖』（2009・日本評論社）の155頁以下を参照してください。

[7]　そんな昔のこと、今さらどうでもいいではないか、などと言ってはいけません。過去に出された判例や論文を読む際には、その時点での法令がどのようなものであったかを把握しておかないと、何のことだかよく分からないことになるでしょう。

[8]　詳細は、国立印刷局のホームページ（http://www.npb.go.jp/ja/books/index.html）を参照してください。

システムがあり（http://law.e-gov.go.jp/cgi-bin/idxsearch.cgi）、現在効力を有する法令（憲法、法律、政令・勅令、省令・府令）を検索することができます[9]。

なお六法は、毎年秋以降に、1年分の法令の改正を織り込んで新しいものが発行されますから、**六法の品質保持期限は基本的に1年**と考えてください。かつては、学生が目にする主要法令は、一部を除いてそれほど頻繁に改正されることがなかったため、法学部に入学した際に手に入れた六法を卒業まで使い倒した、などという横着者が少なからずいましたが、近年は主要法令の改正がかなり頻繁に行うようになり、古い六法に掲載されている条文が改正されているのに、それと知らずに定期試験の際に使い、とんだ失敗をする危険が大きくなっています。著者は、六法の版元の本屋さんの「回し者」ではありませんが、新しい六法が発売されたら、さっさと買い替えることを強くお勧めします。

②の現在効力を有しない法令を探す場合には、失効前の年度の六法を見るのが第一歩になります。古くなって役目を終えた六法には、その年の収録の基準時点における法令の状態が書き留められているからです。このほか、主要分野の旧法令を六法のような体裁で収録した、我妻栄編集代表『旧法令集』（1968・有斐閣）、江頭憲治郎・小早川光郎・西田典之・高橋宏志・能見善久編『旧法令集　平成改正版』（2012・有斐閣）があります[10]。また、法令データ提供システムでは、平成13年4月1日以降の廃止法令を廃止時点の姿で検索できます。

図1-1-1　六法に載っていない法令の探し方

六法に収録されていない法令	☞	官報・法令全書
現在効力を有しない法令	☞	前年度版以前の六法、旧法令集
両方を探せる「法令データ提供システム」はとても便利！		

第3節　六法にまつわる迷信

第1項　「六法」のかもし出すネガティブ・イメージ

法学の世界になじみのないみなさんからみると、「六法」は、良きにつけ悪し

---

[9] なお、このシステムは、最高裁判所規則をカバーしていません。裁判所のホームページ（http://www.courts.go.jp/kisokusyu/）には、主要な規則が掲載されています。
[10] このほか、改正が非常に頻繁に行われてきた商法・会社法の領域では、淺木愼一編『会社法旧法令集（I）（II）』（2006~2007・信山社）がとても便利です。

第 1 章　法令との出会い

きにつけ、法（学）あるいは法律屋のシンボルのように映るかと思います。本屋さんの法律書コーナーに鎮座している、コンクリートブロックよりも分厚そうな六法全書は、その重々しさからしてすでに他を圧倒し、法（学）は難しい、あるいは近寄りにくいというイメージをまき散らしているかもしれません。あるいは、そんな六法を「武士の刀」といって後生大事に持ち歩いている法学部生あるいは法律屋という人間は、いかにも取っつきにくく、しかもこちらが不用意な口を聞けば、あの分厚い本に書いてあるわけのわからない理屈で言いくるめられそう、なるべくかかり合わないようにしよう、とだいたいこのように思うのではないでしょうか？　でも、ちょっと待って下さい！　ものごとを外見だけで判断するのではなく、まずは話を聴いてください。

第 2 項　法律屋は「六法」を暗記している？

　法律屋というのはどうやら、法学部で「子、曰く…」みたいに、法律を暗唱する練習を積んできた人のように見られているのかもしれません。あるいは、小中学校あたりで日本国憲法の前文かなにかを暗唱させられたことが原体験になって、法（学）を学ぶというのはすなわち、条文を暗記することで、あれと同じ「訓練」を積むことである、というイメージが定着している人もいるかもしれません。しかし、考えてみてください。意味内容も考えずに字面だけを暗唱させるような前近代的教育[11]が、ホントに 21 世紀の大学で行われていると思いますか？　もともと法というのは、世の中で起こっている問題を解決するためのツールのひとつですから、具体的問題の解決に「使う」ことにこそ意義があるはずです。そうだとすると、**大切なことはむしろ、使い方を理解すること**のはずです。どんなに便利なツールでも、使い方が分からなければただのガラクタでしかありません。法学部生が条文の暗記量を増やすことに全精力を傾けているとすれば、それは使い方の分からないガラクタを頭の中に営々と詰め込むことを意味します。もしも法学部が前途ある若者に 4 年間もそんなムダなことをやらせているとすれば、それこそ社会的損失以外の何物でもないでしょ

---

[11]　四書五経のたぐいを、まずは意味内容の解釈をくわえることなしに素読させ、少しずつ意味内容を教えて行く、という段階を踏んでいた江戸時代であれば、意味があったでしょう。教育勅語を暗唱させていた戦前の学校教育も、少なくとも教育効果においては、これに近かったのかもしれません。これに対して、戦後の小中学校における憲法前文丸暗記訓練は、憲法あるいはそれが尊重している価値を本当の意味で理解させる上では、かえって妨げになってこなかったかと心配になるところです。また、書店に行くと法律書コーナーに憲法前文どころか憲法全文の朗読を吹き込んだ CD のようなものが置かれ、エンドレスで再生されているようなこともありますが、これも憲法を「床の間の飾り」のようなものと同じに扱っているようで、どこか違うような感じがしてなりません。

第1部　法令読解の部

う。

第3項　法律の試験は「六法」に書いてある条文を再現するもの？

　法（学）＝条文の暗記というイメージをひとたび持ってしまうと、司法試験をはじめとする各種の国家試験あるいは法学部の期末試験といった法律の試験も、六法に書いてある条文を再現できなければならない、果ては再現できさえすればいいんだ、などと考える人が出てくるかもしれません。法学部の学生でも——1年生の最初のうちのことですが——関係する条文の引写しを切りつないで期末試験の答案を書こうとする人が見受けられます。しかし、**大学は写経道場ではありません**から、条文を一語一句違わず引写して再現できるスキルを身につけることなど、期待も要求もされていません。それどころか、**法律の試験では**多くの場合、六法の持ち込みが認められ、あるいは六法が貸与され、**手元に六法があることを前提とした問題が出されます**。そんな状態でもし、条文を再現すれば解答できるような問題が出題されたとすれば、それこそ出題者の見識を疑った方がよいでしょう。

第4項　「六法」にはあらゆる法律が載っている？

　「六法」という用語は、もともと憲法・民法・刑法・商法・民事訴訟法・刑事訴訟法の主要な6つの法典の総称として用いられてきたものですが、今日ではこれらの法典に関連する法律も多数収録した辞書のような本を指しています。そして、いちばん分厚い「六法全書」あたりになると、「全書」というからには、あらゆる法律が載っているようなイメージですが、六法全書を探しても載っていない法律はたくさんあります。まして、もっと小さな六法になると、当然、収録されている法律の数も限られてきます。と、このように言うと、「そんなのでホントに大丈夫なの？」と不安に思う人もいるかもしれません。しかし、それで不便や不都合を感じている法律屋はいません。法律屋にとって重要なことは、法というツールの基本的な使い方を理解し、ひとたび問題を法的に解決する必要に迫られた場合には、使うべき法をできるだけてっとり早く探し出し、基本的な使い方を応用して、解決案を考えるための手筋を身につけることだからです。つまり、**貯め込んだ知識の量よりもむしろ、知識を使った問題解決の手筋をどれだけたくさん身につけるかが重視されている**わけです。六法に載っていない法律があっても、それを探し出す方法さえ分かっていれば十分です。本書では、前節ですでにその方法について簡単に説明してあります。そうして

いざとなったら調べれば済むようなことを頭の中に貯め込む暇があったら、手筋を増やす練習に努力をした方が有益ですね。ただ、利用頻度の高い条文は、なるべく手近なところにおいておく方が便利だと考えられるので、六法のような本の需要があるわけです。

第5項 「六法」に載っているのは法律だけである？

六法には法律以外の法令も載っています。六法に載っている条文＝法律という等式は、大多数の場合には成り立ちますが、常に成り立つわけではなく、法律以外の法令も多数掲載されています。「法律」というのは、法令のうちで国会が制定する法規範を指し、法規範には法律以外にもいろいろなものがあるからです。そして、わが国の法体系の頂点にある日本国憲法を別格とすれば、法令には例えば、次のようなものがあります。

表1-1-4 おもな法令の種類

法律		国会が制定する（憲法59条1項・2項）。
命令	政令	内閣が制定する（憲法73条6号・内閣法11条）。
	省令・府令	国務大臣または内閣総理大臣が制定する（国家行政組織法12条、内閣府設置法7条3項・4項）[12]。
最高裁判所規則		訴訟手続、弁護士、裁判所の内部事項、司法事務処理に関して、最高裁判所が制定する（憲法77条1項）。

わが国の法体系は日本国憲法を頂点としているので、憲法の定めに反する法令は効力がないとされています（憲法98条1項）。これと同じく、法律の定めに反する命令も効力がありません。これらに対して、最高裁判所規則は、憲法が直接、最高裁判所に制定権を与えているので（77条1項）、法律・命令との間に上下関係はありません[13]。

[12) 省令は、内閣の下におかれる各省が発する命令ですので、例えば財務省令もあれば、国土交通省令もあり、文部科学省令もあります。また、府令は、内閣府が発する省令と同格の法令（内閣府令）です。

[13) したがって、両者が抵触することもありえますが、その場合に、どのように調整をするかについて、確立したルールはなく、憲法学上、議論の的のひとつになっています。ただし、現実には、基本ルールは法律で定め、その周辺にある細則的な部分を最高裁判所規則に譲るという形で、両者の棲み分けが行なわれているようです（例えば、民事訴訟法3条と民事訴訟規則）。これに対し、地方公共団体の制定する条例は、憲法が「法律の範囲内で」制定権を与えているので（94条）、法律が条例よりも上位にあります。

第2章 法令の編成について

　本章では、個々の条文の読み方に進む前に、いわば条文の集合体である法令の外形的なことについて説明します。なお、六法には法律の正文として公布されたものとは違うことがらが、六法編集者が読者に法令を読みやすくさせるための一種のサービスとして、さも法令の一部であるかのような顔をして載っていることもあれば、逆に法律の正文には載っているのに、六法編集者が省略をしているところもありますので、これにも注意しておきましょう[14]。

第1節　法令の題名、法令番号と法令の公布

図 1-2-1　法令の題名、法令番号、公布日

会　社　法（平成17・7・26　法86）[15]
①　　　　　②　　　　　③

　六法の巻頭にある目次を使って、お目当ての法令を探し、その掲載ページを開けると、冒頭に例えば、このような記述が現われます。①は言うまでもなく、法令の題名、②はこの法令が公布された日、③は法令番号と呼ばれます。まずはこの3つの読み解きから始めましょう。

第1項　法令の題名について（①）

　六法の当該法令の冒頭に書いてある題名は、その法令の正式名称（いわば本名）を示しています。みなさんはすでに、高校の公民（現代社会あるいは政治・経済）の時間あたりで、いくつかの法令の名前くらいは聞いているはずですが、正式名称の長い法令については、省略した形で聞いているはずですので、聞き慣れない題名があるかもしれません。ここではためしに、政治・経済教育研究

---

[14] 六法に限ったことではありませんが、本を読む場合、個々の文章の重みあるいは全体における位置づけには違いがあることを十分に考えながら読む必要があります。ちょうどそれは、人の話を聞く場合に、どこに「ヤマ場」があるのかを意識しながら聞く必要があるのと同じことです。

[15] 表記のしかたは、六法の版元によって若干違います。本文は、有斐閣の六法の表記法で、三省堂の六法では「法律第86号」と書いてあります。ちなみに、法令の正文はすべて縦書きなので、数字の表記は本来すべて漢数字です。

会編『政治・経済用語集』(2014・山川出版社) に掲載されている、わが国の現行法令を拾って大まかに分野別に分けたところ、次のようになりました[16]。なお太字は、用語集では赤字になっている、教科書で出現頻度が高いものです。

表 1-2-1 政治・経済用語集に掲載されている現行法令

公　　　　　法
日本国憲法、国民投票法、国籍法、人身保護法、**個人情報保護法、男女共同参画社会基本法**、議院証言法、**公職選挙法、政党助成法、政治資金規正法**、裁判迅速化法、内閣法、国家公務員倫理法、**地方自治法、行政手続法、情報公開法**、特定秘密保護法、**財政法**、国際緊急援助隊法、**イラク復興支援特別措置法**、自衛隊法、**武力攻撃事態法、国民保護法、周辺事態法、国連平和維持活動協力法**、土地収用法、**環境基本法、環境影響評価法**、地球温暖化対策推進法、**循環型社会形成推進基本法、容器包装リサイクル法、家電リサイクル法**、食品リサイクル法、**自動車リサイクル法、公害健康被害補償法、教育基本法**、学校教育法、**アイヌ文化振興法**、広島平和記念都市建設法

民事法	経済・産業法	刑事法
民法、利息制限法、**製造物責任法、商法、会社法**、民事訴訟法	**独占禁止法、中小企業基本法、消費者基本法、消費者契約法**、割賦販売法、**特定商取引法**、食品安全基本法、食品衛生法、貸金業法、大店立地法、**食料・農業・農村基本法、農地法、食糧需給価格安定法**、原子力基本法	**刑法**、不正アクセス禁止法、**刑事訴訟法、通信傍受法、犯罪被害者保護法**

社　　　　　会　　　　　法
労働基準法、男女雇用機会均等法、パートタイム労働法、**育児・介護休業法、最低賃金法**、労働安全衛生法、**労働者派遣事業法、労働審判法**、家内労働法、**労働組合法、労働関係調整法**、職業安定法、**障害者雇用促進法**
国民年金法、健康保険法、国民健康保険法、介護保険法、生活保護法、児童福祉法、母子及び寡婦福祉法、老人福祉法、障害者基本法、身体障害者福祉法、知的障害者福祉法、障害者自立支援法

---

[16] 1つ1つの法令のサイズがまちまちなので、一概には言えませんが、公法と社会法のボリュームが際立って大きくなっています。前者は、「政治・経済」における、憲法学習の位置づけを反映しているのでしょう。後者も、法や制度が社会問題にどのように対応しているかを理解することが重視されていることの現われでしょう。ただ、大学で法学を学ぶという場合の重点の置かれ方は、これとはいささか異なっており、特に民事法の比重がかなり多くを占めることには注意が必要だと思います。なお、用語集の1つ古い版では、いわゆる「六法」のうち掲載されていたのは、憲法、民法、刑法だけでしたが、この版になって、商法、民事訴訟法、刑事訴訟法が加わったことになります。

第1部　法令読解の部

第2項　法令の公布について(②)

法令の公布というのは、所定の手続を経て成立した成文の法令を公表し、国民が知ることのできる状態におくことをいいます。例えば、法律であれば法律案を両議院で可決した場合に「成立」となります（憲法59条1項）。成立した法律は、主任の国務大臣の署名、内閣総理大臣の連署がなされた後（憲法74条）、天皇が公布することになります（憲法7条1項）。

これだけを読むと、天皇が街宣車か何かに乗って成立した法令の内容を触れて回っているとか、あるいは法令が成立するたびに玉音放送が流れるとか、そのような光景がイメージされそうですが、現実には当然、そんなことはやっていません。それなら、法令はどのようにして公布されるのかですが、このことを定めた法令は、不思議なことに存在しません。ただし、旧憲法時代には公式令という勅令（明治40年勅令第4号）があって、その12条に、法令の公布は官報に掲載して行うという定めがありました。そして、この勅令の廃止後も、慣例として**官報に掲載**することによって公布され続けており、現在に至っています[17]。かくして、ここに現れた法令の公布の日というのは、その法令が官報に掲載された日、ということになります。

第3項　法令番号について(③)

法令は、種類ごとに年の始めから公布されるごとに番号を付されます[18]。したがって、同じ番号のついた法令はただ1つしかありませんので、法令は法令番号によって特定することができます。上の会社法の例では②のところで公布年月日の形で表示されているので省略されていますが、例えば、少し先へ進んで会社法18条を見ると、「商法（明治32年法律第48号）」という部分があります。これは、「商法」という題名の法律があり、それは明治32年に48番目に公布された法律であることを意味します。会社法であればこれは、「会社法（平成17年法律第86号）」となり、平成17年に86番目に公布された法律であることが読み取れます。また、法律以外の法令の場合は、次のようになります。

---

[17]　最大判昭和32・12・28刑集11巻14号3461頁もこの方法を容認しています。
[18]　唯一の例外は憲法です。憲法の標題部分には、公布の日付が入っているだけで、「昭和21年憲法第1号」などとは書かれていません。憲法の特殊な地位を示すものと言えます。

第 2 章 法令の編成について

例 1-2-1 法律以外の法令の例

- 学校教育法施行令（昭和 28 年政令第 340 号）
- 拒絶証書令（昭和 8 年勅令第 316 号）
- 会社法施行規則（平成 18 年法務省令第 12 号）
- 民事訴訟規則（平成 8 年最高裁判所規則第 5 号）

注意を要するのは、題名を見ただけでは法令がどのような形式のものかよく分からない場合もあることです。例えば、「〇〇令」と出てくれば、普通は政令ですが、上の拒絶証書令のように、古いものだと現在では使われない形式である勅令の可能性があります。また、会社法施行規則は法務省の定めた省令という形式の法令であるのに対し、民事訴訟規則は、同じ「規則」という題名がついていても、最高裁判所の定めた最高裁判所規則という別の形式の法令です。あるいは、皇室典範（昭和 22 年法律第 3 号）は、重々しい名前をしていますが、これも形式上はあくまで法律です。他方、爆発物取締罰則（明治 17 年太政官布告第 32 号）のようなものになると、一見しただけではどの種類の法令であるかを理解できないと思います。そして、法令同士で、あるルールとあるルールのどちらが上位に立つかを意識する必要があることから、自分が読んでいる条文が、法律の条文なのか、政令の条文なのか、はたまた最高裁判所規則の条文なのかは、きちんと押さえる必要があるとともに、見慣れない題名や現在では存在しない形式の法令が現行法令として現れたときは、現にある法令のどの形式のものに対応するか、あるいは同じに扱われるか、さらには、そのような扱いの根拠はどこにあるかをはっきりさせておく必要があります[19]。

第 2 節 法令の施行と改正

表題部分に続いて出てくるのは、「施行」というのと「改正」というところで、日付や法令番号が並んでいると思います[20]。

---

[19] 現に効力を有する勅令は、基本的に政令と同格のものとして扱われます。ただし、敗戦後にポツダム宣言の履行のために発せられた、ポツダム宣言ノ受諾ニ伴ヒ発スル命令ニ関スル件（昭和 20 年勅令第 542 号）（ポツダム緊急勅令）が、連合国軍最高司令官の発する要求事項を実施するために特に必要がある場合には、法律で定めるべき事項であっても勅令（日本国憲法施行後は政令）で定めることができるとし、これに基づいて制定された勅令・政令（ポツダム命令）の中には、平和条約の発効後も、法律としての効力を保持しているものがあります。それにもかかわらず、例えば物価統制令（昭和 21 年勅令第 118 号）のように、法令番号は制定時のままなので、注意が必要です。なお、本文に出てきた爆発物取締罰則は、明治憲法の施行以降、法律と同格のものとして扱われています。

[20] ここも六法の版元によって若干の違いがあります。三省堂の六法は、施行日の記載があ

第1部　法令読解の部

第1項　法令の施行

法令の施行（しこう・せこう）とは、法令の効力を発生させることをいいます。法律案は原則として、両議院で可決されると「案」が取れて、法律となりますが（憲法59条1項）、それだけで直ちに施行されるわけではなく、先に説明した公布ということが、施行の大前提になります。そして、施行と公布の関係については、次のような原則があります。

> *法の適用に関する通則法2条*　法律は、公布の日から起算して20日を経過した日から施行する。ただし、法律でこれと異なる施行期日を定めたときは、その定めによる。

したがって、他の法律に何も書いていなければ、公布の日から起算して20日を経過した日から施行されることになります。ただ、現実問題としては、各法律で独自に施行期日を定めておくのがむしろ、普通になっています。例えば、会社法については、末尾の附則に、次のような定めがあります。

例1-2-2　施行期日を独自に定める法令の例

> *会社法附則第1項*　この法律は、公布の日から起算して1年6月を超えない範囲内において政令で定める日から施行する。

おそらくみなさんの六法では、「政令で定める日」というところの次に（平成18・5・1—平成18政77）などと書いてあるはずです。これによって、①会社法の施行期日は平成18年5月1日であること、②その根拠となっているのは、平成18年政令第77号であること、が読み取れます。もちろん、このカッコ書きは六法編集者がサービスでつけてくれたものです。そして冒頭部分に戻ると、「施行」というところに出てくる年月日は、附則（☞第9節参照）に六法編集者が入れた日と同じになっているはずです。

第2項　法令の改正

法令の中には、制定から一度も改正を受けたことのないものもありますが、時代の変化に対応するべく、改正を受けることが少なくありません。「改正」と

り、改正については最終改正だけが表示され（ただし、基本法令については末尾に改正経過を表示）、有斐閣の六法は、施行日の記載とともにすべての改正（ただし、重要度の低い法令については最終改正のみ）についての情報が冒頭に掲載されています。

いうところは、いわば法令の更新履歴のようなもので、そこに出てくる法令番号は、当該の法令を改正する法令の法令番号を示しています。法令の改正には、いくつかのやり方がありますが、六法の改正履歴に現れるのは、**一部改正**、つまり、法令の一部の条文を改めたり、削ったり、新たな条文を追加したりする場合だけです[21]。例えば、刑法199条を見ると、平成16年法律第156号によって、改正がなされていることが付記されています。この付記は、もちろん六法編集者のサービスですが、いずれにせよ、冒頭の「改正」のところにも、この法令番号が現われているはずです。そして、平成16年法律第156号というのは、正式名称を「刑法等の一部を改正する法律」といいますが、この法律に、次のような規定がありました。

例 1-2-3 一部改正法の例①

(刑法の一部改正)
第1条　刑法(明治40年法律第45号)の一部を次のように改正する。
　(中略)
　第199条中「3年」を「5年」に改める。(後略)

　実際には省略した部分で、刑法中の他の条文の改正内容が前の方から順番に出てきますが、当面の199条はこの法律によって、かつては3年であったところが5年に改められています。そして、「刑法等の一部を改正する法律」のこの条文は、刑法の条文と一体化し、いわばその中に溶け込んでしまいます。

　民事訴訟法125条を見ると、「削除」と書いてあり、平成16年法律第76号と付記されています。当然この法令番号も、民事訴訟法の冒頭の「改正」のところに現われているはずです。そして、平成16年法律第76号というのは、正式名称を「破産法の施行に伴う関係法律の整備等に関する法律」といいますが、

---

[21] 一部改正のほかに、法令の形式的同一性を継続しながら内容を全面的に改める**全部改正**、既存の法令を廃止して、新たな法令を制定する**廃止制定**、という方式があります。例えば前者の例として、「法の適用に関する通則法(平成18年法律第78号)」は、「法例(明治31年法律第10号)」の全部を改正して新たに作られたものです。また、借地借家法(平成3年法律第90号)は、その附則2条で建物保護に関する法律(明治42年法律第40号)、借地法(大正10年法律第49号)、借家法(大正10年法律第50号)を廃止した上で、新たに制定された法令ですから、後者の例ということになります。
　なお、新法を制定しつつ、対応する旧法を廃止せずに、形を変えて存続させることもあります。例えば、「信託法(平成18年法律第108号)」の制定により、本来お役御免になるはずだった、「信託法(大正11年法律第62号)」は、新法の制定に際して一部改正を受け、題名を「公益信託ニ関スル法律」と変更されて、存続しています。

第1部　法令読解の部

この法律に、次のような規定がありました。

例 1-2-4　一部改正法の例②

> （民事訴訟法の一部改正）
> 第113条　民事訴訟法（平成8年法律第109号）の一部を次のように改正する。
> 　第125条を次のように改める。
> 　第125条　削除

　ここでも、この法律によって民事訴訟法125条のもとの文言が削除されています。そして、この条文は民事訴訟法の条文と一体化し、その中に溶け込んでしまいます。なお、条文を削除した場合、後に続く条文の数字を繰り上げることは基本的にせず、この例のように「削除」の状態で存置することになっています[22]。変な感じがするかもしれませんが、後に続く条文の数字を動かすと、数字の動いた条文が他の法令のどこかで引用されている場合、それを全部洗い出して、動いた後の条文の数字に改める作業をしなければならず、煩雑でしかたがないからです。同様に、新しい条文を追加する場合も、後続の条文の数字を繰り下げるようなことはせず、枝番号（えだばんごう）を付けた条文を挿入します。例えば、先ほどの「刑法等の一部を改正する法律」の1条で新設された規定として、集団強姦罪について定めた刑法178条の2があります[23]。

～練習問題 1～

> 　表1-2-1の法律を素材として、題名、公布・施行年月日、法令番号、改正履歴を調べてください。

---

[22]　このように、1条くらいならまだよいですが、何百条にもわたって削除が続くこともあります。例えば、商法を見ると、32条まで来た後、33条から500条までが削除になっています。これは、会社法の制定と同時に「会社法の施行に伴う関係法律の整備等に関する法律」で商法の一部改正が行われたものです。つまり「一部」といっても、それは「全部ではない」という意味で、たった1条の改正のこともあれば、大部分の改正のこともあるわけです。

[23]　もっとも、この方法も度が過ぎると、かえって分かりづらいことがあります。例えば、地方税法（昭和25年法律第226号）には、72条の後に、72条の2から72条の117までの枝番号つき条文が挿入されていますが、その中間にはさらに、72条の2の次に72条の2の2、3が、72条の24の次に72条の24の2から12まで、72条の48の次に72条の48の2、72条の49の次に、72条の49の2から72条の49の18まで、といった孫番号のついた条文が挿入されていたりします。

第3節　法令の目次について

　施行と改正の次には、いきなり法令の本文が出てくるものもありますが、目次がついていることもあります[24]。この目次は、法令名索引や六法の巻頭の「目次」とは意味が違うとともに、あるとないとで六法の使い勝手が全然違います。

第1項　法令における条文のまとまり

　法令の正文では、比較的分量が多く、複数の条文をひとくくりにしたまとまりがある場合には、目次を付けることになっています。複数の条文のまとまりについては、次のような序列があります。

図 1-2-2　条文のまとまりの序列

$$編 ＞ 章 ＞ 節 ＞ 款 ＞ 目$$

　このうち、編を立てる法令は、例えば、民法、刑法、商法、会社法、民事訴訟法、刑事訴訟法、地方自治法のような条文数が特に多い法令に限るのが一般的で[25]、多くの法令は章立てで編成されています。なお、法令の一部改正によって、例えば章と章との間に新たな章を追加する場合は、条文を追加する場合に枝番号を付けたのと同様に、章に枝番号をつけます。例えば、刑法163条の次に、刑法163条の2から始まる章が「第18章の2　支払用カード電磁的記録に関する罪」となっているように、です。

第2項　目次の有用性

　それでは編・章を立てて条文を整理して目次を付けることには、どういう意味があるか、あるいはこれをどのように活用すればいいかをちょっと考えてみ

---

[24] ただしこれも、六法の版元によって取扱いが違います。有斐閣の六法では、法令の正文に目次がついているものはそのまま、ついていないものは、六法編集者のサービスで目次がつけられています。三省堂の六法では、基本法令に、目次がついています。

[25] ただし、この点は絶対的ではなく、例えばわずか100条にも満たない裁判所法は、編を立てる形で編成されています。なお、「款」は「かん」、「目」は「もく」と読みます。

第1部　法令読解の部

ましょう。

　法学の世界では、根拠となる条文を適切に提示して結論を論証することがとても重要なことです。そしてそのためには、問題の解決にあたって使用する条文をすばやく見つけることができるなら、そのほうがいいに決まっています。目次がついているほどの大きな法令の場合、その法令が全体として何を定めているのか、あるいはどのあたりにどのような条文が置かれているのかを把握しないまま、いきなり個別の条文に入り込むのは、地図もコンパスも持たずにジャングルの中をさまよい歩くようなもので、決して効率のいいことではありません[26]。さらに、いろいろな法令の目次を見ていると、法令の編成にはある程度のパターンがあることが分かってきます。そもそも法令の編成ということ自体が、必要な条文をできるだけ簡単に取り出せるように工夫に工夫を重ねてきた成果ですから、このパターンを理解してしまうと、条文を探すのが非常に楽になります。

第3項　よく出てくる題名について

　以下では、いろいろな法令に共通して出てくる編・章・節・款・目の題名を紹介しておきます。これに対して、各法分野に固有の編成方法については、それぞれの授業科目で説明があります。

(1)　総　則

　多くの法令の冒頭には、**総則**という編、章が置かれているほか、それ以外の編、章の冒頭にも、総則という章、節が置かれることがあります。例えば、民法の目次を見ると、以下のとおり、総則だらけです。

---

[26] このことは何も、法令に限ったことではなくて、教科書を含むいわゆる専門書のたぐいを読む場合にも同様に当てはまります。そして実は、このあたりが専門書を読む場合と小説を読む場合とで違うところでもあります。小説を読む場合は、先の展開が読めないままに、登場人物になったつもりで何となく読み進めるというのが普通の読み方で、おそらくそんな読み方でもスッと頭に入る、あるいはそんな読み方をする読み手でも引きつけられる、というのが名作なのだろうと思います。しかし、専門書などについては、何となく読み進めたくらいで頭に入るような「ヤワ」なものは、おそらく専門書と呼ぶに値しないでしょう。むしろ、全体の構成なり、説明の流れなりを十分に把握した上で入念に読むべきものの方が、はるかに価値があるとさえ言うことができます。法学・政治学に限らず、専門として学問をし、そのために専門書を読むという場合には、読み手としても、そのくらいの覚悟をしなければなりません。

第 2 章　法令の編成について

図 1-2-3　民法典に点在する「総則」

```
第 1 編　総　則
　　（中略）
第 2 編　物　権
　第 1 章　総　則
　　（中略）
第 3 編　債　権
　第 1 章　総　則
　　（中略）
　　第 3 節　多数当事者の債権及び債務
　　　第 1 款　総　則
　　　　（中略）
　　　第 4 款　保証債務
　　　　第 1 目　総　則
　　　　　（中略）
　第 2 章　契　約
　　第 1 節　総　則
　　　（中略）
　　第 3 節　売　買
　　　（後略）
```

　総則には、読んで字のとおり、後に続く部分全般に共通する一般的・総括的な定めが置かれます。比喩的に言えば、因数分解のように、共通する事項が前に括りだされているわけです。このことは、法令の編成のいちばん基礎的な約束事です。もっともこの約束事ですが、勉強するみなさんは、慣れるまで少し面喰うかもしれません。例えば、みなさんが売買契約をめぐる法律問題を解決するための条文を探そうとする場合、当然、上の第 3 編債権の第 2 章契約の第 3 節売買という部分に真っ先に目が行くでしょう。しかし、ここに書いてあることが売買契約をめぐる法律問題を解決するためのルールのすべてであると思ったら大間違いで、ここよりも上のカテゴリーにある「総則」、つまり、第 3 編第 2 章第 1 節の総則、第 3 編第 1 章の総則、第 1 編の総則は全部、売買にかかってくると見なければ、必要な条文にたどり着けないことになります。

　総則に類似するものとして、「**通則**」があり、基本的な意味・用法は同じです。また、ある法分野に通じる一般的・概括的な事項を取り出して、独立した

第1部　法令読解の部

法律を作る場合、通則法という題名の付いた法律になります。例えば、前に出てきた法の適用に関する通則法（平成18年法律第78号）は、その名のとおり法の適用に関する通則を定めていますし、国税通則法（昭和37年法律第66号）は、国税の基本的・共通的事項を、独立行政法人通則法（平成11年法律第103号）は、独立行政法人制度の基本となる共通の事項を、それぞれ定めています[27]。

　なお、法令全体の総則・通則に具体的にどのような内容の規定が盛り込まれるかは、一概には言えませんが、各法分野に共通してよく出てくるものとしては、①第1条にその法令の趣旨・目的を定めた規定を置き、②第2条にその法令で用いられる用語の定義を定めた規定を置き、また、③その法令の解釈の指針となるような規定を置くこともあります。例えば、刑事訴訟法1条は目的規定、民事訴訟法1条や商法1条1項は全体の趣旨を定めた規定、会社法2条や破産法2条は定義規定、民法2条は解釈の指針を定めた規定であると読み取れます。

(2)　雑則・補則

　これも読んで字のとおり、その法令あるいは章・節などで「その他大勢」的な意味あいの規定をまとめた部分ということになります。例えば、1つの独立したグループにするほどにはまとまっていないような雑多な個別的規定であるとか、全体に共通する事項に関する規定ではあるが冒頭の総則に出すほどでもない、技術的あるいはこまごました手続的な事項に関する定めとかがまとめられています。具体例としては例えば、会社法の第7編雑則は、実に150条にわたるかなり大がかりなものになっています。また、一般社団法人及び一般財団法人に関する法律の第6章雑則も、全部で73条にわたっています。

(3)　罰　則

　当該の法令の実効性を刑罰あるいは過料の制裁[28]によって担保する必要が

---

[27] かつてはこのような共通的事項を定める部分に、「法例」という題名が充てられる場合もありました。例えば、本文で出てきた法の適用に関する通則法は、かつては法例という題名の法律（明治31年法律第10号）であったのを、全部改正して生まれた法律です。また、現在の刑法第1編第1章は通則となっていますが、平成7年法律第91号による表記の平易化以前は、この章は「法例」という題名になっていました。

[28] 「過料」は、民事法あるいは行政法上の義務違反に対して科される秩序罰で、刑罰である「科料」とは異なります。正式な読み方はいずれも「かりょう」ですが、この違いを区

24

第 2 章　法令の編成について

あると考えられる場合、通常は法令の末尾に罰則という題名の章・節が置かれます。罰則というと、刑法が想定されそうですが、刑法以外にも罰則を定めた法令はたくさんあります。例えば、独占禁止法（昭和 22 年法律第 54 号）の第 11 章は、独占禁止法の実効性を確保する必要上、刑罰あるいは過料の制裁をすべき場合が定められています。

第 4 節　公布文について

六法で日本国憲法を引くと、最初のところに「朕は、日本国民の総意に基いて云々　御名御璽」と書いてあります。この部分のことを、**公布文**といいます。公布文は本来、すべての法令についていますが、普通の六法では、大多数の場合、公布文を省略しています。もっとも、例えば、民法、商法、刑法の公布文は、施行期日の根拠をたどるために、掲載されることがあります。ここでは公布文の一例として、司法試験法（昭和 24 年法律第 140 号）の公布文を挙げておきます。

例 1-2-5　公布文の例

```
司法試験法をここに公布する。
御名　御璽
　昭和 24 年 5 月 31 日
                                        内閣総理大臣　吉田茂
```

法令の正文はこの公布文から始まって、その後に、法令番号、題名が来て、目次がある場合にはその後ろに来ます。六法では、目次の配置が、正文とは違っていることがあります。なお、憲法 74 条は、法律および政令について、主任の国務大臣の署名と内閣総理大臣の連署を要求していますが、これは、法律・政令の末尾になされます。上の「内閣総理大臣　吉田茂」という署名は、法律の公布という天皇の国事行為（憲法 7 条 1 号）が内閣の助言と承認に基づいて行われたことを明らかにするための署名ということになります。

第 5 節　法令の前文

目次の後、あるいは目次がない場合には題名の後から、いよいよ法令の中身

別するために、それぞれ「あやまちりょう」「とがりょう」と読むことがあります。

に入ります。そして大多数の法令は、この後すぐに、編名・章名がくるか、そうでなければ第1条が出てきます。

　でも、ちょっと待ってください。例えば、日本国憲法では、第1条と題名の間に条文のすがたをしていない文章が書かれています。この部分のことを、**前文**（ぜんぶん）と呼びます[29]。前文は、その法令を制定するにあたっての基本的な立場であるとか、その法令の趣旨・理想を謳い上げるのに付されることがあります。法律についても、例えば、教育基本法（平成18年法律第120号）には、前文が付されています[30]。前文は、題名の後ろに来ている以上、法令の中身に含まれることは第1条から先と同じです[31]。

第6節　本則と附則

　前文のある場合を別にすると、法令の中身は大きく、本則と附則に分かれます。ふつうみなさんが条文を読む場合には、第1条から始まる本則の条文を読む機会がはるかに多いですが、附則は本則に付随してその法令を施行するのに必要な事項を決めておく部分です。多くの法令では、本則が終わった後、附則の始まるところに、附則という表示がされています。附則にどのようなことが定められるかについては、後に回して、本則部分に話を進めましょう。

第7節　条文の見出しについて

　六法で刑事訴訟法の1条を引くと、条文の右肩あるいは下のところに、「見

---

[29]　前文については、「全文」と区別するために、「まえぶん」と読まれることがあります。
[30]　法令に前文をつけることは、占領軍当局の意向を受けて推進されたと言われていますが、最近の法令でも例えば、強くしなやかな国民生活の実現を図るための防災・減災等に資する国土強靱化基本法（平成25年法律第95号）、肝炎対策基本法（平成21年法律第97号）、スポーツ基本法（平成21年法律第78号）、生物多様性基本法（平成20年法律第58号）、観光立国推進基本法（平成18年法律第117号）、食育基本法（平成17年法律第63号）など、題名に「基本法」が入っている法律にしばしば見られます。「基本法」以外で前文がついている法令の例としては、配偶者からの暴力の防止及び被害者の保護等に関する法律（平成13年法律第31号）があります。なお、題名に「基本法」と入っていると、他の法律よりも格が1枚上のような印象を持つかもしれません。しかし、上に例示したような事項を特別扱いする必然性は全くありませんし、そもそも法令の形式上は基本法といってもあくまで法律ですから、他の法律との間に上下関係があるわけではありません。
[31]　六法では省略されますが、題名の後に、**制定文**というのをつけることがあります。例えば、政令の場合は、ある事項を政令で定めることを法律が委任しているという関係がありますので、この関係を明らかにするための制定文が必ず置かれます。また、ある法令を全部改正する場合は、その旨の制定文を置く約束ごとになっています。

第 2 章 法令の編成について

出し」がついており、その条文が定める内容がひと目でわかります。ところが、この見出しは、次のように六法の版元によって書いてあることが微妙に違います。

例 1-2-6 条文の見出しの例

| 有斐閣：条文の下に【この法律の目的】　　　三省堂：条文の下に［法律の目的］ |

同じ法律の条文なのに、いったいこれはどういうことでしょうか？ 実は、刑事訴訟法ができた時点では、条文に見出しをつけることはされていなかったので、刑事訴訟法の正文にはそもそも見出しがなく、六法編集者のサービスで、各条文の内容を踏まえた見出しがつけられたのです。これに対して現在では、すべての法令のすべての条文に見出しをつけることになっています[32]。したがって例えば、六法で民事訴訟法 1 条を引くと、条文の右肩に（趣旨）という見出しが表示されています。こちらは、六法の編集者ではなく、法令の正文にすでに付いている見出しです。見分け方は簡単で、カッコが普通のカッコ（　）であれば、法令の正文についている見出し、そうでないカッコであれば、六法の編集者のサービスでついた見出し、ということになります[33]。

なお、制定の時期を考えれば見出しがついているはずの法令に、時として見出しのついていない条文もあります。これには直前の節・款名で必要にして十分な場合と、直前の条についている見出しが共用されている場合とがあります。例えば、民法 3 条には見出しがついていませんが、この条文は「権利能力」という節に含まれる唯一の条文ですから、この節名があれば、条文に見出しをつける必要がないからです。また、民法 142 条にも見出しがついていませんが、ここは内容的に直前の 141 条と同じ「期間の満了」のことを定めているので、141 条の見出しを共用しているわけです。

第 8 節　別表について

法令の内容を分かりやすくするために、表が用いられることがあります。表

---

[32] なお、新しい法令すべてにいっせいに見出しがつけられるようになったわけではないようです。例えば、労働基準法（昭和 22 年法律第 49 号）には見出しがついていますが、これより後に制定された国会法（昭和 22 年法律第 79 号）には見出しはついていません。
[33] 見出しをつける位置にも変遷があります。現在ではすべて条文の右肩につけますが、初期のころには、条数の下につける例もあったようです。みなさんの六法に載っている法令では、裁判所法（昭和 22 年法律第 59 号）がその痕跡をとどめています。

のうち、該当条文の中に掲げられるものは、単に「**表**」といいます。表が用いられている例としては、裁判員の参加する刑事裁判に関する法律（平成16年法律第63号）64条1項があります。この規定は、裁判員の参加する刑事裁判における、刑事訴訟法の適用にあたって、刑事訴訟法のいくつかの条文の読み替え方を表の形で定めています。

表が複雑であるとか、長くなるとかの場合には、その法令の末尾（後で説明する附則の後）に掲げられます。このような表を「**別表**」といいます。別表が用いられている例としては、国家行政組織法（昭和23年法律第120号）があります。例えば別表第1は、表題の下に（第3条関係）と付記されているように、3条と一体のものとして、法令の中身をなしています。そして、3条の関連部分はこうなっています。

例1-2-7 別表に言及する条文の例

国家行政組織法3条
① （省略）
② 行政組織のため置かれる国の行政機関は、省、委員会及び庁とし、その組織及び廃止は、別に法律の定めるところによる。
③ （省略）
④ 第2項の国の行政機関として置かれるものは、**別表第1**にこれを掲げる。

つまり、国家行政組織法別表第1は、3条2項にいう「国の行政機関として置かれるもの」を一覧にしたものということが分かります[34]。

法令の末尾に回されるのは、別表だけではありません。例えば、日本国憲法の改正手続に関する法律（平成19年法律第51号）の末尾には、「別記様式（第56条関係）」というのがあります。これは、日本国憲法改正国民投票の投票用紙のサンプルを定めたものです[35]。さらに、国旗及び国歌に関する法律（平成

---

[34] このほか、例えば家事事件手続法（平成23年法律第52号）の別表第1および第2は、家庭裁判所の家事審判の対象となる事項を、関連する民法等の条文とあわせて一覧することができるとても便利な表です。また、国立大学法人法（平成15年法律第112号）の別表第1は、全国の国立大学法人の名称、各法人が設置する国立大学の名称、主たる事務所の所在地、理事の員数が一覧になっています。

[35] 「様式」などというと、ロマネスク様式とか、ロココ様式みたいな芸術作品の作風みたいなものが思い浮かぶかもしれませんが、ここでは何かをするときに統一して使うべき書式のことであると考えてください。統一的な取り扱いをすることで、事務作業の効率を上

11年法律第127号）に至っては、別記第1として、「日章旗」（いわゆる日の丸）の制式が図示されるとともに、別記第2として、「君が代」の歌詞と楽譜が掲載されています[36]。

なお、別表や別記は、読みやすさを考えて後ろに回したものですから、単なる「おまけ」ではなく、法令の一部分をなします。したがって、これらの内容を改める場合も、法令の改正の手続をとらなければなりません。

第9節　附則について

本則に続いて、法令には**附則**がおかれ、その法令の施行のために必要な事項を本則に付随して定めています。ここでは、附則におかれるおもな定めについて説明します[37]。

第1項　法令の施行期日について

これについては、すでに説明したので（☞ 第2節第1項）、繰り返しません。

第2項　関係法令の改廃措置

新しい法令の施行は、その法令と関連する既存の法令にも影響を及ぼします。まず、新しい法令が施行されることによって役目を終える法令が出てきます。このような場合、役目を終えた法令を廃止しなければ、法令の定めが重複した状態になって、法秩序全体の整合性がとれません。そこで、例えば次のようにして、既存の法令を廃止する旨の定めが置かれます。

げることを目的としていますから、みなさんのまわりには、「様式」があふれかえっています。例えば、法令で決まっている様式ではありませんが、大学の入学試験の出願書類であるとか、高校の卒業証書も、その大学あるいは高校で統一的な姿をしていますから、どこかで様式を定めているはずです。法令の上では、法律レベルで様式が定められることは実は稀なことで、政令、省令・府令といったレベルで規定されることが多いようです。

[36] 楽譜のついた法令は、さすがにこれだけのようです。なお、このほかに、政令や省令・府令のレベルでは、別図がつけられることもあります。例えば、被収容者処遇規則（昭和56年法務省令第59号）には、皮手錠と金属手錠の形状を示す別図があります。

[37] なお、附則に定めるべき事項が膨大になるときは、別の法令を起こします。例えば、会社法の施行に伴う関係法律の整備等に関する法律（平成17年法律第87号）は、会社法（平成17年法律第86号）の施行のために必要な事項を定めていますが、会社法自体が全部で979条まである非常に大きな法律であることを反映して、整備法も全部で528条に及んでいます。

第1部　法令読解の部

例1-2-8 既存の法令を廃止する旨の定めの例

> 民事執行法（昭和54年法律第4号）附則2条　競売法（明治31年法律第15号）は、廃止する[38]。

　次に、役目を終えたとまでは行かなくても、もとのままの姿は維持できない法令が出てきます。このような場合も、新しい法令の内容と整合性が取れるように、既存の法令の一部改正をしてやる必要があります。附則には、このような既存の法令の一部改正の定めも置かれますが、一部改正の定めは、施行されると既存の法令と一体化して溶け込んでしまうため、六法ではこの部分は省略され、改正を受ける既存の法令の改正個所を書き改める形で反映されます（☞第2節第2項参照）。

第3項　経過措置

　ある法令が施行されると、その法令が施行される前の法状態に変更が生じて、新しい法状態が成立することになります。しかし、ある日突然に、すべてが新しい法状態を前提にするとなると、前の法状態を前提にして活動していた人が予期できなかった事態を招いて、かえって具合の悪いことがありえます。そこで、その法令が施行される前の事項に対して、新法の規定が適用されるのかどうかについての約束ごとを決めておく必要があります。このような約束ごとを**経過措置**といいます。経過措置の定め方には、その法令は施行後に生じた事項に限って適用するという方法（新法不遡及）と、逆に施行前に生じた事項にも適用するという方法（新法遡及）があります。そのさい、罰則規定については、憲法39条との関係で、新法不遡及としなければなりません[39]。また、手続法の規定については、手続というものは改正により以前のものよりも合理化され

---

[38]　「競売」は一般には「きょうばい」と読みますが、法律用語では「けいばい」と読みます。

[39]　憲法39条は、実行の時に適法であった行為について刑事上の責任を問うことはできないと定めていますから、罰則規定が存在しない場面でした行為について、後からできた罰則規定を遡って適用するとすれば、これは違憲になります。このルールは、国民に予期に反した不利益を負わせないようにするためにありますから、もとからあった罰則を加重する改正がなされた場合に、改正前にした行為について改正後の加重された罰則を遡って適用することも、やはり違憲になります。これに対して、もとからあった罰則を軽減する改正がなされた場合に、改正前にした行為について改正後の軽減された罰則を遡って適用することは、問題ありません（刑法6条参照）。なお、もとからあった罰則を廃止する改正がなされた場合は、改正前にした行為については、免訴となります（刑事訴訟法337条2号参照）。

るものであるという理解のもとに、以下の例のように、新法遡及としつつ、それによったのでは不都合な場合には、個別に新法不遡及を定める方法が取られます。

例 1-2-9　新法遡及を定める例

> *民事訴訟法（平成8年法律第109号）附則3条*　新法の規定（罰則を除く。）は、この附則に特別の定めがある場合を除き、新法の施行前に生じた事項にも適用する。ただし、前条の規定による改正前の民事訴訟法（以下「旧法」という。）の規定により生じた効力を妨げない。

これ以外の場合に、新法不遡及とするか、新法遡及とするかは、立法者が考えることですが、新法を遡及させることが特に強く要求される場合でなければ、新法不遡及とされるのがふつうです。

ある事項について、旧法の規定を適用すべきときは、その事項については、**「なお従前の例による」**、あるいはある事項について旧法〇条の規定は、**「なお効力を有する」**、というのが慣用表現になっているほか、ある事項について新法〇条の規定は、適用しない、という定め方をすることもあります。

第4項　その他

以下のように、新法の施行後に様々な検討、必要な措置を講じることを求める規定が置かれることがあります。

例 1-2-10　新法施行後の検討を求める規定の例

> 例1：*日本国憲法の改正手続に関する法律の一部を改正する法律（平成26年法律第75号）附則5項*　国は、この規定の施行後速やかに、憲法改正を要する問題及び憲法改正の対象となり得る問題についての国民投票制度に関し、その意義及び必要性の有無について、日本国憲法の採用する間接民主制との整合性の確保その他の観点から検討を加え、必要な措置を講ずるものとする。
> 例2：*裁判員の参加する刑事裁判に関する法律附則9条*　政府は、この法律の施行後3年を経過した場合において、この法律の施行の状況について検討を加え、必要があると認めるときは、その結果に基づいて、裁判員の参加する刑事裁判の制度が我が国の司法制度の基盤としての役割を十全に果たすことができるよう、所要の措置を講ずるものとする。

第1部　法令読解の部

　なお、法令によっては、「附則」が複数掲載されているものがあります。この場合、最初に掲載されている「附則」は、その法令の制定時につけられた附則です。これに続けて、カッコ書きで法令番号を付した「附則」が掲載されている場合、この部分はその法令の一部を改正した法令の「附則」を指します。

　附則も、「おまけ」程度のものとイメージされがちですが、これまた本則と同じく、法令の中身に含まれるので、仮に附則を改正する必要がある場合には、一部改正の方法をとらなければなりません。しかも実際問題として、もとの法状態から新しい法状態への移行をスムーズにするには、附則の定めは不可欠の存在です。ルールを改めることでかえって世の中の秩序を混乱させるような改正は、誰も喜びませんから、やらない方がマシというものでしょう。その意味では、本則以上に神経を使う部分ということさえできます。また、将来に向かって何らかの措置を講じることを関係者に要求する内容の場合には、これを受けて、必ず何らかの動きがあるはずです。

第3章 法令の文法①〜条文の編成と構造

　本章では、条文の表記・用字法、いわゆる法律用語の難しさとそれへの対応、条文の外形的な構造を説明します。

第1節 条文の表記・用字について

　今日では、新たに制定される法令はすべて、漢字とひらがなで現代語表記します。かつては、漢字とカタカナで文語表記され（いわゆる漢文読み下し調）、この時代から存続している法令は原則として、現在でも文語表記のまま残されています[40]。例えば、手形法（昭和7年法律第20号）、小切手法（昭和8年法律第57号）、暴力行為等処罰ニ関スル法律（大正15年法律第60号）などがそれです。このような法令は、一部改正の際にも、原則として文語表記のまま改正されます[41]。しかし近年、法令をできる限り一般国民にも読みやすいものにすべきであるという見地から、文語表記の法令を廃止して現代語表記の法令を新たに制定する、あるいは意味内容を変更することなく現代語化する旨の改正をする、といったことが順次行われ、いわゆる「六法」についてそのあゆみをみると次のとおりで、今日では商法543条以下の部分を除き、すべて現代語表記になりました[42]。

表1-3-1 いわゆる「六法」の現代語化のあゆみ

憲　　法	・日本国憲法（昭和21年11月3日公布）
民　　法	・725条以下：昭和22年法律第222号により全部改正 ・1条から724条まで：平成16年法律第147号による表記現代語化

---

[40] 文語表記の法令の正文では、句読点や濁点も付いていません。ただし、昭和初期以降、濁点はつけられるようになったようで、本文に掲げた手形法や小切手法は、この時期に制定されたものです。

[41] 文語表記で制定された最後の法律は、防空法廃止法（昭和21年法律第2号、昭和21年1月31日公布）です。また、ひらがな表記で制定された最初の法律は、郵便法の一部を改正する法律（昭和21年法律第3号、昭和21年7月23日公布）ですが、これは当然、これ以前に制定されていた文語表記の郵便法の一部を、文語表記で改正したもので、郵便法と一体をなしています。ひらがな表記で新たに1から制定された法律の最初は、軍人及び軍属以外の者に交付された賜金国庫債券を無効とすることに関する法律（昭和21年法律第4号、昭和21年7月24日公布）です。

[42] 現在のところ、商法は同じ法令の中で現代語表記と文語表記が混在している、極めて珍しい法令ということになります。ただし、現在、文語表記で残っている部分の改正が検討されているので、早晩、この部分も現代語表記に改められるでしょう。

第1部　法令読解の部

刑　法	・平成7年法律第91号により表記現代語化
商　法	・平成17年法律第87号により第2編第4章（542条）まで表記現代語化
民事訴訟法	・平成8年法律第109号として新たに制定
刑事訴訟法	・昭和23年法律第131号により全部改正

　現代語化は、国民一般が法令を読みやすくなるだけでなく、法学・政治学を学ぶ上での障壁が少なくなった点でも大きな意味があります。かつては、条文を読みこなすにはある程度の漢文の知識を持っていた方がよい感じもありましたが、今日ではそのような場面はかなり少なくなりました。現在の条文を見慣れたみなさんにはあまり興味がないかもしれませんが、試みに平成7年法律第91号による表記平易化の前後の、刑法の条文をいくつか対比してみましょう。

表1-3-2　現代語化前後の条文の対比

改正前の条文	現行の条文
38条2項　罪本（ツミモト）重カル可クシテ犯ストキ知ラサル者ハ其重キニ従テ処断スルコトヲ得ス	38条2項　重い罪に当たるべき行為をしたのに、行為の時にその重い罪に当たることとなる事実を知らなかった者は、その重い罪によって処断することはできない。
77条1項　政府ヲ顛覆（テンプク）シ又ハ邦土ヲ僭窃（センセツ）シ其他朝憲ヲ紊乱（ブンラン）スルコトヲ目的トシテ暴動ヲ為シタル者ハ内乱ノ罪ト為シ左ノ区別ニ従テ処断ス（以下、省略）	77条1項　国の統治機構を破壊し、又はその領土において国権を排除して権力を行使し、その他憲法の定める統治の基本秩序を壊乱することを目的として暴動をした者は、内乱の罪とし、次の区別に従って処断する。
185条　偶然ノ輸贏（ユエイ）ニ関シ財物ヲ以テ博戯又ハ賭事ヲ為シタル者ハ五十万円以下ノ罰金又ハ科料ニ処ス但一時ノ娯楽ニ供スル物ヲ賭シタル者ハ此限ニ在ラス	185条　賭博をした者は、五十万円以下の罰金又は科料に処する。ただし、一時の娯楽に供する物を賭けたにとどまるときは、この限りでない。

　条文の現代語化は、文語体の意味内容を変更しない前提で行われていますから、現代語化前の読み方は、現在でも基本的にすべて通用し、議論の前提になっています。ただ、ひょっとすると現代語化のできがあまりよくなくて、もとの条文の意味内容と同じであるとはどう見ても言えない、という理解が出てこないとも限りません。法学・政治学を学ぶうちに、このような場面に突き当たった

第3章　法令の文法①～条文の編成と構造

ときには、以前の条文に立ち戻る必要が出てきます[43]。

　新たに制定される法令の用字は、常用漢字表・現代仮名遣い・送り仮名のつけ方に即して行うのが基本となります。もっとも、これらの約束ごとが改められても、それに応じて既存の法令の改正をするわけではないので、実際の法令には様々な時代の用字が混在しています。例えば、戦後法令がひらがな表記に変わった当初はまだ、いわゆる歴史的仮名遣いが用いられていました。この仮名遣いは、日本国憲法のほか、例えば労働関係調整法（昭和21年法律第25号）で用いられています。また、常用漢字表の前身である当用漢字表ができる前にできた法令は、旧字体の漢字で表記されています。したがって例えば、日本国憲法の標題は本来、「日本國憲法」、条文の条の字は、「條」と表記されます。六法では、仮名遣いは正文と同じままですが、旧字体の漢字は編集者のサービスとして新字体に改めているわけです。

　さらに、常用漢字表にない漢字が古くから使われ、適切な言い換えができないために、やむを得ず振り仮名をつけてそのまま使われているものもあります。例えば、刑法9条を見ると、刑の種類のひとつとして、禁錮というのがあり、「錮」の字には振り仮名が振ってあるはずです。この字は平成22年に常用漢字表が改正されるまで、常用漢字に含まれていなかったため、このようなやり方で立法をしたものが残されているわけです。現行の法律上は、これ以外に、古くからある振り仮名をつけない「禁錮」（例えば、爆発物取締罰則1条）、「錮」の字をひらがなで表記した「禁こ」（例えば、警察官職務執行法7条1号、破壊活動防止法38条から40条まで）があります[44]。「錮」の字が常用漢字に加わったことで、今後は振り仮名をつけない「禁錮」が増えてくるでしょう[45]。

---

[43] 意味を変更せずに表記を現代語化しようとすると、往々にして条文が長くなります。例えば、刑法256条1項の「盗品その他財産に対する罪に当たる行為によって領得された物」は、かつては「贓物（ぞうぶつ）」と表記されていましたし、民法210条1項の「その土地を囲んでいる他の土地」は、「囲繞地（いにょうち）」と表記されていました。

[44] このほか、「錮」の字を常用漢字にある文字に書き換えた「禁固」という表記もありましたが、現行の法律上は消滅したようです。

[45] 振り仮名つきの語は他に、刑法では、「勾留（こうりゅう）」の「勾」（21条）、「幇助（ほうじょ）」の「幇」（62条）、「閉塞（へいそく）」の「塞」（124条1項）、「姦淫（かんいん）」（177条）、「賭博（とばく）」の「賭」（185条）、「賄賂（わいろ）」の「賂」（197条1項）、「毀損（きそん）」の「毀」（230条1項）、「昏睡（こんすい）」の「昏」（239条）、民法では、「失踪（しっそう）」の「踪」（30条）、「心裡留保（しんりゅうほ）」の「裡」（93条見出し）、「堰（せき）」（222条）などがあります。このうち「勾」「淫」「賭」「賂」「毀」「踪」は、「錮」と同じく平成22年に常用漢字に加えられました。

第2節 条文の用語について

　条文に限らず、法律関係の文書で使われる用語や言い回しが分かりにくいとしばしば指摘され、法学を専門としないみなさんが、法（学）を難しいもの、近寄りにくいものと考える大きな原因のひとつになっているようです。確かに、法（学）の世界では、見慣れない専門用語が使われている、あるいは日常用語がまったく別の意味で用いられている、ふだん使わないような言い回しが登場する、といったことが頻繁にあることは事実です。このことは、法学の先生が法学を初めて学ぶ学生に奮起を促すために、「**法学は、外国語を学ぶような感覚で学ぶものです**」などと言っていることにも端的に示されています。そこで、こうした事態がなぜ起こるのかを、少し考えてみましょう[46]。

第1項　輸入学問の宿命

　法律の専門用語の分かりにくさの背景のひとつには、その多くが西洋の法律用語の翻訳語であることが挙げられます[47]。わが国における法（学）は、近世以前の伝統的な法を基礎とするのではなく、明治時代に、西洋の法（学）を継受することでその基礎を形成したことは周知の通りです。そしてその際には、法学以外の学問分野における専門用語がそうであったのと同じく、西洋語を翻訳する形で新しい専門用語がいわば創造されました。しかも、わが国が長らく漢字文化圏の中にあったために、当時の知識人層は漢文の造詣が深く、翻訳語の創造は、漢字を組合せて、新しい用語を作る形で進められました。漢字の造語力の素晴らしさでしょうか、一般になじみのある法律用語の中でも例えば、「権利」「自由」「民法」「会社」などといったものは、すべてこのやり方で生み出された用語です。

　しかし、創造されたものである以上、でき上がった用語になじみのある人が当時の日本社会には誰ひとりとしていなかったことは当然といえます。さらに、

---

[46]　法と日本語の関係について、林大・碧海純一編『法と日本語』(1981・有斐閣)は、今なお基本文献として参照に値するものと言えます。

[47]　この観点から、法律用語の難解さのわけを説明するとともに、原語の背景にあるヨーロッパ的な人間観に遡って用語の意味を吟味する試みとして、古田裕清『翻訳語としての日本の法律用語』(2004・中央大学出版部)があります。また、柳父章『翻訳語成立事情』(1982・岩波新書)、薬師院仁志『日本語の宿命　なぜ日本人は社会科学を理解できないのか』(2012・光文社新書)も一読の価値があります。

表意文字である漢字は、ひとつひとつがすべて意味を持っていますから、読み手は造語者（翻訳者）が込めた意味を考える以前に、字面からすでに何らかのイメージを形成してしまうのがふつうです。そのため、読み手のイメージが造語者（翻訳者）の意図するイメージとずれていると、読み手は、最初に読んだときに形成したイメージに邪魔をされて、よけいに分かりにくいと感じるかもしれません[48]。こういった点は、わが国の法（学）の基礎に由来する宿命のようなものと諦めるほかありません[49]。

第2項　カタカナ語は分かりやすいか？

今日でも漢字を組み合わせて作る法律用語が新たに生まれることはあります。ただし明治以降の時の流れは、漢文の素養をほぼ趣味人の世界だけのものにしてしまい、外来語を漢語に変換する能力が一般的に低下してしまったため、かえって分かりにくい用語が出てくることがあります。例えばこんな具合です。

例1-3-1　漢字による新しい法律用語創造の例

電磁的記録（刑法7条の2）：「電子的方法、磁気的方法その他人の知覚によっては認識する

---

[48] 例えば、民法にはしばしば、「善意」「悪意」という用語が登場します（例えば、民法94条2項、96条3項、162条2項、189条、190条など）。ふつうに考えれば、これは人や物事に対してもつ良い感情・悪い感情のことでしょうが、法律的には、単にある事情を知らないこと・知っていることを意味し、道徳的・倫理的な意味合いは皆無です。

[49] ただし、その見返りに、わが国の法は、曲がりなりにもすべて日本語で内容を理解することができ、日本語で運用することができるという幸運に恵まれていることは強調されるべきでしょう。そんなことは当然ではないかと言われるかもしれませんが、欧米列強の植民地であった国々では、宗主国の言語で記述された法が長らく使われたため、それを母国語で表現することが極めて難しいということです。以上について簡単には、三ケ月章『法学入門』（1982・弘文堂）33頁以下を、本格的には、同「法と言語の関係についての一考察」同『民事訴訟法研究第7巻』（1978・有斐閣）271頁以下の一読を薦めます。

昨今では逆に、日本語で記述されているがゆえに、日本法の対外的発信力が弱い、あるいは日本法が理解されにくい、といったことが問題とされ、挙句の果てには、日本市場への参入障壁のように見られることもあります。もちろん、日本法の内容を対外的に（特に世界共通語である英語で）周知することは必要で、現に法務省の手で、日本法の条文の英語訳が順次、作成されており、日本法令外国訳データベースシステムとして、インターネット上で公開されています（http://www.japaneselawtranslation.go.jp/）。しかしながら、社会のルールをその構成員の大多数にとっての母語で理解することができ、そのルールを母語で運用することができるという日本社会の現状を、「グローバル化」の大合唱に便乗して、ヤリ玉に挙げるのは、本末転倒も甚だしいと思います。

なお、英語一辺倒に塗りつぶされているかのように見える理系の学問との関連でも、日本語による科学的思考の積極的意義を強調するものとして、松尾義之『日本語の科学が世界を変える』（2015・筑摩選書）があります。

第1部　法令読解の部

> ことができない方式で作られる記録であって、電子計算機による情報処理の用に供されるもの」

ふつうに考えれば、電磁的記録としては、CD-RとかDVD-R、あるいはUSBメモリあたりが念頭に置かれるでしょう。それなら、このへんのものを全部並べて書いてもよさそうなものですが、同じような機能を持つものはほかにもあり得ますから、そんなことをすると新製品が出るたびに条文に並べるものが増えてきて、キリがないということにもなりかねません。それなら、同じような機能を持つものを包括的に指し示す用語を作って、新製品はすべてそこに含めることができるようにしておく方が、かえって分かりやすい、という見方もできます。

他方、今日では、外来語を仮名書きで表記した用語が条文に登場することも多くなっています。法律の定義規定をいくつか挙げてみましょう。

例1-3-2　カタカナ語の定義規定の例

> バイオマス活用推進基本法（平成21年法律第52号）2条1項　この法律において**「バイオマス」**とは、動植物に由来する有機物である資源（原油、石油ガス、可燃性天然ガス及び石炭（以下「化石資源」という。）を除く。）をいう。
>
> エコツーリズム推進法（平成19年法律第105号）2条2項　この法律において**「エコツーリズム」**とは、観光旅行者が、自然観光資源について知識を有する者から案内又は助言を受け、当該自然観光資源の保護に配慮しつつ当該自然観光資源と触れ合い、これに関する知識及び理解を深めるための活動をいう。
>
> コンテンツの創造、保護及び活用の促進に関する法律（平成16年法律第81号）2条1項　この法律において**「コンテンツ」**とは、映画、音楽、演劇、文芸、写真、漫画、アニメーション、コンピュータゲームその他の文字、図形、色彩、音声、動作若しくは映像若しくはこれらを組み合わせたもの又はこれらに係る情報を電子計算機を介して提供するためのプログラム（電子計算機に対する指令であって、一の結果を得ることができるように組み合わせたものをいう。）であって、人間の創造的活動により生み出されるもののうち、教養又は娯楽の範囲に属するものをいう。

これらは、漢語に直しようがないのか[50]、漢語にすると、かえって分かりにく

---

[50] 薬品の名前などは、その典型でしょう。例えば、毒物及び劇物取締法別表第1は、同法による取り締まりの対象となる毒物を列挙していますが、その24号には「ヘキサクロルヘキサヒドロメタノベンゾジオキサチエピンオキサイド」という、何かの呪文にしか見え

いのか、いろいろ考えることはありえます。ただ、仮名書きが果たして分かりよいかは別問題です。確かに、表意文字である漢字が持つ固有の意味からくる混乱は生じませんが、逆に表音文字である仮名は、文字自体には何の意味もありませんから、条文によって原語の持つ意味と違う意味を持たされている可能性があります。また、これはカタカナ語に限らないですが、立法当時の流行語をそのまま条文に使ったような場合、それがやがて死語になった、あるいは立法当時とは意味が変化してきた、ということになると、これまた混乱を生むもとです[51]。

第3項 分かりやすさと厳密さのはざまで

　法律用語あるいは法律関係の文書が分かりにくいと言われる根本的な原因は、それが厳密さを追求しなければならないという宿命を背負っていることにあります。厳密さの追求というのは、法令（ルール）の意味内容をできるだけ解釈の余地の少ない明確なものにし、適用対象となる事項とならない事項とが誤解されることのないようにすることを意味します。これに対し、我々の日常のコミュニケーション、特に会話（音声）によるコミュニケーションは、そこまでの厳密さを追求しなくても、十分に成り立ちますし、むしろ用語の厳密な意味をいちいち詮索して「揚げ足取り」をやっていたのでは、コミュニケーションの円滑を欠くことにもなります。我々がそんな日常になじんでいる以上、法律用語あるいは法律関係の文書が分かりにくいと感じられるのはある意味で当然のことです（明確だが明快でない！）。

　その一方で、日常のコミュニケーションと同レベルの「分かりやすさ」を法律用語に要求するのは、原始社会のような単純な社会であればいざ知らず、複雑化した現代社会の法では非常に困難です。法律用語を分かりやすいものに改めるといっても、それは厳密さの追求と二律背反なので、おのずと限度があることは周知されてもよいと思います。もちろん、時として法律屋がこれまで、必要以上に難しい言い回しで一般人を煙に巻いていた可能性も否定できません

ないようなものが書かれています。

[51] あまり適切な例ではないかもしれませんが、例えば「ストーカー」（ストーカー行為等の規制等に関する法律（平成12年法律第81号）2条2項）、「ピッキング」（特殊開錠用具の所持の禁止等に関する法律（平成15年法律第65号）2条2号）など。また、「ドメスティックバイオレンス」（いわゆるDV）は、条文上は、「配偶者からの暴力」とされていますが（配偶者からの暴力の防止及び被害者の保護等に関する法律（平成13年法律第31号）1条1項）、最近はいわゆる「デートDV」というのが問題になっています。

から、法律屋は、その意味での自戒・自省が必要でしょう。その上で、日常的な言語コミュニケーションと法的な言語コミュニケーションとの間に、ギャップがあることを意識するならば、両者を架橋して、一般人の語りを法の世界の言語に正確に翻訳し、逆に法の世界で行われていることを、一般人に理解できる言葉で正確に説明するといった、いわば通訳のようなことが、専門として法学を学んだ者すべてに求められる重要な役割のひとつと言うことができます。これから法学を学ぼうとするみなさんは、このことを十分自覚しておいた方がよいと思います。

第3節 条の構造について

ここでは、条文の各部分のよび方についての約束ごとを説明します。教科書を読んだり講義を聴いたりする際には、当然のように使われますから、慣れてください。

第1項 センテンスが単数の場合

例えば、民法4条は、次のような規定です。

例1-3-3 センテンスが単数の条の例

> *民法4条*
> 　年齢20歳をもって、成年とする。〜（1）

この条文は、センテンスが1つだけですから、「民法4条」といえば、それだけで特定することができます。なお、センテンスの中の特定の部分を取り出して指示したいときは、例えば、「民法4条の『成年』という**文言（もんごん）**」というような言い方をすることがよくあります。

第2項 センテンスが複数の場合その①〜条の細分化

1つの条の中に規定されるべき事項がたくさんあり、その内容が複雑になるような場合には、違う規定内容ごとに、文章に区切りをつけて読みやすくします。そのうちでも、文章の区切りごとに行を変えて細分化する場合、行を変えるごとに「項」が立てられているといいます。例えば、民法3条は、次のような規定です。

例 1-3-4 項を立てる条文の例

> *民法 3 条*
> ①　私権の享有は、出生に始まる。〜（1）
> ②　外国人は、法令又は条約の規定により禁止される場合を除き、私権を享有する。〜（2）

　この条文は、1条の中にセンテンスが2つあるとともに、（1）のセンテンスの後で改行されて、（2）のセンテンスがきており、六法ではさらに、それぞれのセンテンスの頭には番号がついているはずです[52]。このようなスタイルになっている場合は、前の方から民法4条**1項**、民法4条**2項**…という順番で、それぞれを特定することになります。

　項に細分化された条文の項番号は、条数とは異なって、単に文章の区切りを明確にし、ある項が何番目の項であるかを見分けやすくするために便宜上つけられる符丁の意味をもつにすぎないと言われています。そのため、一部改正によって条が削除されたときに「削除」という条を存置したり、新たな条が追加されたときに枝番号付の条を設けたりするのとは異なり、ある項が削除されたときは、「削除」という項を存置することなく後続の項番号を順次繰り上げ、逆に項と項の間に新しい項が追加されたときは、枝番号付きの項を設けることなく、後続の項番号を順次繰り下げる、というのが普通です。

　なお、法令の中には、条が1条しかないために、項だけからなっているものもあります。例えば、元号法（昭和54年法律第43号）は、全2項からなり、失火ノ責任ニ関スル法律（明治32年法律第40号）に至っては、わずか1項だけで終わっています。

第3項　センテンスが複数の場合その②〜前段・後段

　条が改行されることなく複数のセンテンスによって構成されている場合、あ

---

[52]　番号は、有斐閣の六法では丸数字、三省堂の六法では、①だけが丸数字で、2以下は普通のアラビア数字になっています。ちなみに、法令の正文では、第1項は、番号を付さず、第2項以下を普通のアラビア数字で付することになっていますが、古くは番号を付すことなく、単に改行だけして、冒頭の文字を1段下げる形で識別されるだけでした。しかし、時代とともに「項」が増加するようになり、例えばいきなり、地方自治法100条14項（ちなみにこの条は全部で20項あります）、などといわれてもそれがどこを指すのか特定するのが大変であるということで、項番号がつけられるようになったようです。

第 1 部　法令読解の部

るいは項が複数のセンテンスによって構成されている場合は、どちらを指すかを特定する必要があります。例えば、民法 126 条は、次のような規定です。

例 1-3-5　項を立てない条文の例
> *民法 126 条*　取消権は、追認をすることができる時から 5 年間行使しないときは、時効によって消滅する。〜（1）行為の時から 20 年を経過したときも、同様とする。〜（2）

　この条文は、（1）と（2）の 2 つのセンテンスでできていますから、（1）を指し示す場合と（2）を指し示す場合とを区別する必要があります。そのために、（1）のセンテンスを民法 126 条**前段**、（2）のセンテンスを民法 126 条**後段**と呼んで区別します[53]。なお、3 つのセンテンスでできている条文に遭遇したときは、前から順番に前段、中段、後段という言い方をします。4 つ以上のセンテンスからなる条文の実例はきわめてまれです。このような場合は、条を細分化して、項を立てるのが普通だからです。数少ない実例としては、手形法 16 条 1 項、小切手法 19 条があり、この場合は、1 文、2 文、3 文、4 文と呼ぶようです。

　前段と後段は、ひとつのまとまりをなしているので、何らかの関連がある場合がほとんどです。文言の上でこの関連性をうかがえる慣用的な用語の使用例をいくつか挙げておきます。

例 1-3-6　「同様とする」の用例
> 例 1：*民法 168 条 1 項*　定期金の債権は、第 1 回の弁済期から 20 年間行使しないときは、消滅する。最後の弁済期から 10 年間行使しないときも、**同様とする**。
> 例 2：*刑法 176 条*　13 歳以上の男女に対し、暴行又は脅迫を用いてわいせつな行為をした者は、6 月以上 10 年以下の懲役に処する。13 歳未満の男女に対し、わいせつな行為をした者も、**同様とする**。

　これらの条文の後段に出てくる**「同様とする」**[54]というのは、後段に書いて

---

[53]　項に複数のセンテンスがある場合も、例えば、民法 20 条 1 項前段、民法 20 条 1 項後段のようにいいます。
[54]　「同様である」というのも意味は同じです。古い法令で「亦同じ」（またおなじ）と書いてある場合もやはり意味は同じです。
　なお、「同じである」（同一である、同じくする）と書いてある場合は、2 つ以上の事項がまったく等しいという趣旨を表しますので、本文の「同様とする」をこれらで読み替えることはできません。

ある条件のもとでも、前段と同じ結果になるということです。したがって、例1の民法168条1項後段は、「定期金の債権は、最後の弁済期から10年間行使しないときも消滅する」と言っているのと同じです。また、例2の刑法176条後段は、「13歳未満の男女に対し、わいせつな行為をした者も、6月以上10年以下の懲役に処する」と言っているのと同じことです。なお、後段として追加するとセンテンスが長くなり、かえって読みにくい場合には、新しい項を立て、その項を**「前項と同様とする」**という文言で結びます（例えば、刑法159条1項と2項）。

例 1-3-7 「この場合において（は）」の用例

> 例3：*刑法 197 条 1 項* 公務員が、その職務に関し、賄賂を収受し、又はその要求若しくは約束をしたときは、5年以下の懲役に処する。**この場合において**、請託を受けたときは、7年以下の懲役に処する。
>
> 例4：*民事訴訟法 361 条* 適法な異議があったときは、訴訟は、口頭弁論の終結前の程度に復する。**この場合においては**、通常の手続によりその審理及び裁判をする。

まず、例3については、前段の条件節に定めることがらの存在に、後段にいう「請託を受けた」という別の条件が加わった場合に、別の効果（ここでは前段の場合よりも重い刑罰が科されること）が生じることを定めています[55]。つまり、**「この場合において」**というのは、前段の条件に何か別の条件を付加するのに用いられています。次に、例4の**「この場合においては」**は、前段に定める効果が生じた場合に、その後の取扱いをどうするかを定めています[56]。なお、ここでも後段として追加するとセンテンスが長くなり、かえって読みにくい場合には、**「前項の場合においては」**とか**「前○項の場合においては」**という文言で新しい項を起こします。

第4項　センテンスが複数の場合その③〜本文とただし書

前段と後段の結びつきのうち、最も頻繁に出てくるのは**「ただし」**[57]という文言です。もはや前段・後段という言い方を使わないくらいです。

---

[55] ちなみに、刑法上は、1項前段を単純収賄罪、後段を受託収賄罪と呼んで区別します。
[56] この例では、「通常の手続による審理・裁判」というように、一般的な形で定めが置かれていますが、どの条文を適用する、というように取扱いを定めた条文を具体的に付け加えることもあります。
[57] 古い法令では、「但し」というように漢字で表記されています。

例1-3-8 「ただし」の用例①

> *刑法8条* この編の規定は、他の法令の罪についても、適用する。～（1）**ただし、その法令に特別の規定があるときは、この限りでない。**～（2）

　この文言が出てきた場合は、（1）の部分を**本文**、（2）の部分を**ただし書**と呼んで区別します。ただし書は、本文に定めていることを制限する条件節を追加する場合あるいは、本文に定めていることに対する除外例を作る場合などに用いられます。これらの場合、ただし書は、**「この限りでない」**[58]あるいは**「○○を除く」**という文言で結ばれます。例では、「刑法第1編の規定は、刑法以外の法令に定められている犯罪にも適用されるのが原則だが（本文）、当該の刑法以外の法令に特別の規定があるときは、刑法第1編の規定は適用せず、特別の規定の方が適用される（ただし書）」、ということが定められています。

　これに対し、本文で定めた内容に従った場合、他の制度あるいは法令に定めてあること、あるいは他の制度の下で生じた効力がどうなるかを明らかにするためにつけられるただし書もあります。この場合は次の例のように、**「妨げない」（妨げるものではない）**という文言で結ばれます[59]。

例1-3-9 「ただし」の用例②

> *民法242条* 不動産の所有者は、その不動産に従として付合した物の所有権を取得する。**ただし、**権原[60]によってその物を附属させた他人の権利を**妨げない。**

　なお、ただし書として追加するセンテンスが長くなり、かえって読みにくい場合には、**「前項の規定は」**とか**「前○項の規定は」**という文言で新しい項を起こし、適用除外を定めるときは**「○○には適用しない」**という文言で、他の法令・制度が依然として適用されることを示すときは**「○○を妨げない」**という文言で、それぞれ結ばれることが多いようです。

---

[58] 古い法令では、「此限に非らず」（このかぎりにあらず）という文言になっています。
[59] 「妨げない」は、独立して使われることもあります。例えば、裁判所法3条3項は、「この法律の規定は、刑事について、別に法律で陪審の制度を設けることを**妨げない。**」と定めていますが、この場合は、裁判所法としては、陪審の制度を設ける法律ができようができまいが関知しない、という意味になります。
[60] この語は、「けんげん」と読みますが、「権限」とは意味が違い、ある行為をするのに必要な法律上の原因を指す、民法に特殊な用語です。

第5項　多くの事項を列挙する場合〜号

条あるいは項の中で、たくさんのことを列挙する場合には、次の例のような書き方になります。

例1-3-10　各号列記の例

> 民法147条
> 　時効は、次に掲げる事由によって中断する。
> 　一　請求
> 　二　差押え、仮差押え又は仮処分
> 　三　承認

この条文は、時効が中断する事由を列挙しており、列挙されている3つのものの冒頭には、漢数字で番号がついています。これは、**1号、2号、3号…と読みます**[61]。また、列挙されている部分を除いた最初の部分は、**柱書**(はしらがき)などと呼んでいます[62]。

号は、条または項をさらに細分化したものではありません。条を項に細分化した場合、各項は1つまたは複数のセンテンスからなっていましたが、号は、センテンスにはならず、名詞(句)を列挙する形になっています。上の例では、柱書の「次に掲げる事由」という部分に、各号に列挙されている名詞(句)を代入すれば、すべてセンテンスとして成り立ちます。このように柱書には、各号に列挙されている名詞(句)を代表させる文言を置くだけにして、1つのセンテンスが長くならないようにし、条文を読みやすくしているわけです[63]。

このように見ると、号番号は文章の区切りを示す符丁ではありえないですから、法令の一部改正に際して、号を削除したり、新しい号を追加したりする場合の取り扱いはむしろ、条の削除、追加と同じになります。例えば、国家公務

---

[61] 号に番号を付することは、法令の正文上も古くから行われていたようです。
[62] ちなみに、正式には「各号列記以外の部分」といいますが、長くなるので、本文のような呼び方がされます。
[63] なお、号に列挙される事項は、そのうちどれかひとつに当てはまればよいこともあれば、そのすべてに当てはまることが必要なこともあります。この違いは常に文言だけから識別できるわけではありませんが、例えば、「次の各号に掲げる事由の**いずれかに該当する**」とか、「左の各号の**一に該当する**」とかの文言があれば、どれかひとつが当てはまればよいことが読み取れます。

員法12条6項2号は、「削除」となっていますし、民事執行法22条には3号の2や3、4号の2、6号の2があります。

なお、号の中でさらに細かくいくつかの事項を列挙する必要があるときは、**イ、ロ、ハ…**の符号で区別します。読むときは、イ号、ロ号、ハ号…などとやるのではなくて、単にイ、ロ、ハ…と読めば足ります。例えば、民事訴訟法220条4号には、イからホまでの5つが列挙されています。

第4節 条どうしの関連性について

たくさんある条文は、ばらばらに存在するものではなく、相互に関連性をもっています。相互に関連性のある条文が集まって、法令全体の統一が保たれ、さらには、さまざまな法令が相互に関連性をもって、わが国の法秩序全体を構成しています。法解釈の技法に習熟するには、単に個々の条文の文法的な意味を探求するだけではなく、ここにいう法秩序の全体像を頭に描き、それを前提にして個々の条文の意味を探求することも不可欠です。そこで、条文どうしの関連性が、ほかならぬ条文上でどのように現われているかを見ておきましょう。

第1項 条文中で別の条文を指示する方法

条文の中で、別の条文を指示する場合は、基本的に条数、項数、号数と、これまでに出てきた用語（前段・後段、本文・ただし書）とを組み合わせて、指示する部分を特定します。そして、直前の条、項、号のみを指示する場合には、**前条、前項、前号**という言い方をし、直後の条、項、号のみを指示する場合には、**次条、次項、次号**という言い方をします。

例1-3-11 条文中で別の条文を指示する表現の用例

例1：*民法894条2項*　**前条**の規定は、推定相続人の廃除の取消しについて準用する。
例2：*民事訴訟法308条1項*　**前条本文**に規定する場合のほか、控訴裁判所が第1審判決を取消す場合において、事件につき更に弁論をする必要があるときは、これを第1審裁判所に差戻すことができる。
例3：*民法768条3項*　**前項**の場合には、家庭裁判所は、当事者双方がその協力によって得た財産の額その他一切の事情を考慮して、分与をさせるべきかどうか並びに分与の額及び方法を定める。

第3章　法令の文法①〜条文の編成と構造

> 例4：*民事訴訟法20条1項*　**前3条**の規定は、訴訟がその係属する裁判所の専属管轄（当事者が第11条の規定により合意で定めたものを除く。）に属する場合には、適用しない。
> 例5：*民法895条2項*　**第27条から第29条まで**の規定は、前項の規定により家庭裁判所が遺産の管理人を選任した場合について準用する。
> 例6：*民法743条*　婚姻は、**次条から第747条まで**の規定によらなければ、取り消すことができない。

　例1の前条は893条、例2の前条本文は307条本文、例3の前項は768条2項をそれぞれ指すことは明白です。これのバリエーションとして、直前に出てくる複数の条、項を指示する場合には、**前○条、前○項**という言い方をしますが、この場合も当然、その条、項のひとつ前の条、項からカウントしなければなりません。したがって、例4の前3条は、民事訴訟法17条から19条までを指すことになります。

　他方、例5のように、直前の条文を飛ばしてそれよりも前の条文を連続して指示する場合と、例6のように後に続く条文を連続して指示する場合には、**第○条から第○条まで**というように対象となる条文の初めと終わりを特定する形がとられます[64]。別の法令のひと続きの条文を指示する場合も同様です[65]。

第2項　準用規定

　あることがらについて定めている法令の規定を、そのことがらに当てはめることを適用といいます[66]。これに対して、**準用**は、あることがらについて定め

---

[64] このやり方は、連続する条や号を削除する場合にも使われます。例えば、刑法にかつてあった「皇族に対する罪」の部分（第2編第1章）は、昭和22年法律第124号によって削除されたままになっており、六法を見ると「第73条から第76条まで　削除」と書いてあります。また、商法には、「第629条乃至第683条　削除」という部分があります。
[65] なお、古い法令では、この「…から…まで」という意味で**「乃至（ないし）」**という用語が使われています。日常用語の「ないし」が、「または」の意味で使われることがあるため、条文に「乃至」が出てくると、初めと終わりの2か条だけが指示されている、と読む人がいますが、これは誤りで、初めと終わりで定まった範囲全体が指示されている、と読まなければなりません。前注の商法の例でいうと、629条と683条の2条だけを指すのではなくて、その間にある50数条分すべてを指すことになります。
[66] 例えば、刑法8条1項本文は、刑法の総則が他の法令の罪についても「適用」されることを定めていますが、これは刑法の総則にある条文は、他の法令の罪についても刑法の定める罪と同じにあてはまる、といっていることになります。
　また、あることがらに含まれるが、その中のある場合に限って、本来の条文を読み替えて適用することを定めるものもあります。例えば、会社法399条2項は、1項の規定

第1部　法令読解の部

ている法令の規定を、それと似てはいるが本質的に別なことがらに、若干の読み替えをした上であてはめることをいいます。

例1-3-12　準用の用例

> *民法621条*　第600条の規定は、賃貸借について**準用する**。

　この条文は、使用貸借についての規定を、賃貸借に準用することを定めています。これは、もとの条文を次のように修正した条文を改めて起こさずに済ませていることになります。

例1-3-13 民法621条によって準用される場合の民法600条の読み方

> 契約の本旨に反する使用又は収益によって生じた損害の賠償及び賃借人が支出した費用の償還は、賃貸人が返還を受けた時から1年以内に請求しなければならない。

　賃貸借と使用貸借は、どちらも物の貸し借りをする契約という意味では似ていますが、賃貸借が対価（賃料）をともなうのに対して、使用貸借は対価なしに、タダで貸し借りをするものですから、本質的に別物といわなければなりません。しかし、契約の本旨に反する使用収益による損害の賠償と賃借人が支出した費用の償還については、必要な読み替えをすれば、基本的に同じ取扱いをしても差し支えないとみて、ほとんど内容の違わない条文を改めて起こすことを回避したわけです。

　このように、準用規定は、少しずつ文言の異なる類似規定をいちいち作らなくてもよい点で、法令を作る側にとってはとても便利なものですが、これから法令の読み解き方を勉強しようとするみなさんは、①準用規定が準用することにしているもとの規定を探してくる、②探し当てたもとの規定を、準用の場面に応じて適切に読み替える、③読み替えを加えた条文の意味内容を検討する、という非常にめんどうなプロセスをこなさなければ、準用規定をきちんと理解することができません。しかも、もとの規定を探す場合、上の例のように準用されるのが同じ法律のそれも1条だけであれば、それほど難しくありませんが、こういう場合だけではありません。むしろ、何十条にもわたる条文が準用されたり、他の法令の条文が準用されたりすることも少なくありません[67]。このよ

を監査役会設置会社に適用する場合の読み替え方を定めています。
[67]　例としてひとつだけ、民事保全法47条5項を挙げておきます。

うな場合でも、面倒がらずにもとの条文を探し当てる根気が要求されます。もっとも六法では、他の条文を準用する場合には、準用を定める条文中の準用される条文の下に、カッコ書きで内容が要約して記載されています[68]。また、法令の正文の段階で、前段で準用を定めた後に、読み替えの方法が後段に加えられていることもあります（例えば、民法 808 条 1 項）。しかしこの読み替え規定は、読み替えのすべてを網羅しているわけではありませんから、他にも読み替えるべきところがないか、よく考える必要がありますし、まして読み替え規定がない場合はなおさらよく考える必要があります。

第3項　「例による」

準用は、具体的な条文を対象としていますが、ある制度や法令全体などを包括的、一般的に別のことがらに当てはめる場合があります。その場合に使われるのが、この**「例による」**という言い方です。

例 1-3-14　「例による」の用例

> *行政事件訴訟法（昭和 37 年法律第 139 号）7 条*　行政事件訴訟に関し、この法律に定めがない事項については、民事訴訟の**例による**。

この条文は、行政事件訴訟に関し、民事訴訟に関する法令の個別の条文を準用するのではなく、民事訴訟という制度じたいを包括的、一般的に当てはめることを定めています。もともと行政事件訴訟と民事訴訟は、対象とする紛争の内容が違っていますが、この条文によってまず、制度として両者は基本的に同じしくみであることが分かります。しかし同時に、行政事件訴訟の性質上、民事訴訟とは違う取扱いをすべきときは、行政事件訴訟法に特別の定めが置かれるとともに、行政事件訴訟に関して、民事訴訟法の個別の条文を適用（準用ではありません！）すべきときでも、対象が行政事件訴訟であることからくる特殊性を問題にする余地があること、を認識する必要があります。

第4項　六法の参照条文欄

みなさんの六法には、主要な法令については条文ごとに参照条文が略記され

---

[68] 民法 621 条では、「第 600 条」の後に、〈使用借主の損害賠償及び費用償還請求権の行使期間〉（有斐閣）あるいは〔損害賠償及び費用の償還の請求権についての期間の制限〕（三省堂）といった記載があります。

第1部　法令読解の部

ているはずです。この部分は当然、法令の正文にはあるはずもなく、六法編集者のサービスでつけられたものですが、それぞれの法分野の専門家が、専門的な見地から各条文について関連する条文を整理してあります。条文どうしの関連性を意識しながら条文を読み解くことを考える上では、これ以上便利なものはありません。その意味で、数ある六法編集者のサービスの中でも実はこれがいちばん重要なものと言っても過言ではなく、また、みなさんが「六法を使いこなせます」と自信を持って言えるようになるためには、この参照条文欄を自由自在に駆使できるところまでたどりつかなければなりません[69]。

　もっとも、法学を学び始めたみなさんがいきなり参照条文欄に立ち入ると、かえって分かりにくいことになるでしょう。つまり、みなさんが六法に親しむ最初の機会は、授業中に六法を引くことを求められたときとか、あるいは教科書を読みながら六法をめくったときなどだろうと思いますが、このような場合はちょうど、辞書を片手に英文を読むような感覚で、講義内容あるいは教科書の記述の理解を助ける手段として六法を利用すればそれで十分です。英文を読むときに、さしあたり関係のない語義の説明や用例も読む、あるいは文法解説のようなものも熟読する、などということをしていたら、肝心の英文のスジを忘れてしまうでしょう。それと同じことで、この段階で六法の参照条文欄にまで立ち入っていたら、講義は先に進んでしまうでしょうし、教科書はいつまでたっても読破できないでしょう。

　しかし法学を専門にするみなさんは、例えば一度きりの講義を通して聞くことによって、あるいは教科書を通読することによって、ある法分野の基本的なしくみや約束ごとを通り一遍に理解するだけで終わってはいけません[70]。一方において、その法分野の下にあるさまざまなしくみが、お互いにどういう関係にあるのかを検討し、通り一遍の理解をより深い理解に発展させることが不可欠ですし、他方において、その法分野が他の法分野とどのように関連しているかを把握し、法秩序が全体としてどのように動いているかを明らかにするとと

---

[69] なお、六法の巻末には「総合事項索引」がついており、条文上、同じ用語が用いられる個所を網羅的に拾うことができそうなので、定期試験の問題文から適当にキーワードを探して関連条文を検索する学生がいます。しかし、関連条文へのリンク数といい、その整理のされ方といい、参照条文欄の方がはるかに優れています。

[70] 法学は六法を丸暗記するものではないと言われますが、教科書に書いてあることをそのまま覚えることもまた、それほど意味のあることではありません。もともと法学の教科書というのは、法の意味内容を理解するための手段にすぎず、そこに書かれている、ある種の理解が唯一絶対のものではないのです。ですから、同じ教科書といっても、高校までのように、教科書に書いてあることはすべて正しい、という認識は、成り立ちません。

もに、よりよい動かし方はないかを考えることこそが、法学を専門にするみなさんの究極の目標になります。

　そしてそのためには、ある法分野の基本的なしくみや約束ごとを理解する段階をクリアーしたら、教科書を読むときのスタンスを、断片的な理解を関連づけていくというものに切り替える必要があります[71]。英語を勉強する場合でも、文章全体の要旨を把握することが要求されるような読み方もあれば、一語一句にも注意を払い、厳密に理解していくことが要求されるような読み方もあると思いますが、英語の読解力をつけるうえでは両方の訓練が必要なのと同じことです。そして、厳密な読み方をする場合には、辞書の使い方も、例えば挙げられている用例と引き比べて適切な訳語かどうかを検討する、文法解説を見ながら、文法的に成り立つ用語法かどうかを考える、といったものに変わってくるように、六法の使い方も、単に該当条文を見つけるというだけでなく、その条文の関連条文にどのようなものがあるのかをも考えながら読む、というものに変わってくることになります。こうして、関連条文が網羅されている六法の参照条文欄は、みなさんが勉強を進める上で強力な武器になってくれます[72]。

第5節 条文の引用法について

　法学の世界では、条文に即して結論を論証する作業ができなければお話になりません。みなさんは、具体的事件に直面したならば、それを解決するのに必要と思われるルールをすばやく頭に浮かべ、そのルールが条文の形になっている場合には、それを特定できることが重要となります。そして、みなさんが例えば、レポートや試験の答案などを作る場合でも、問題の解決に必要なルールが条文の形になっている場合には、それを引用し[73]、私は条文に即して結論を

---

[71] 教科書は、1度や2度通読すれば終わりではなく、通り一遍の理解を得られたならば、部分的にメリハリをつけて読んでみるというように、いろいろな読み方で何度も読みこむ必要があります。勉強が進むと、最初に選んだ教科書だけでは物足りなくなってきますので、その場合は自分でより詳細な文献を入手して、読み進めなければなりません。

[72] なお、参照条文として掲げてある条文が、原条文とどのような関連性をもつのかはさまざまな可能性があるので、一概には言えません。関連性を説明するために、原条文の文言の中から必要な概念を取り出して記載されていることもありますが、すべての場合にそのような記載があるわけでもなく、単に条数がひかれているだけのこともあります。しかし、そのような場合でも、少なくともその分野の専門家である六法の編集者は、何らかの関連性があると判断して参照条文欄に掲げたわけですから、その意図を読み手の側で探ってみるとよいでしょう。

[73] 念のため注意しますが、ここで「引用」というのは決して、六法に出てくる条文をそっくりそのまま引き写すことではありません。問題を解決する上で意味内容を考える必要が

第1部　法令読解の部

論証したぞ、ということが読み手に分かるようにしなければなりません。

　レポートや答案における法令の引用に確固としたルールがあるわけではありませんが、1つのレポートや答案の上では、統一的な方法にするとともに、指し示している個所を読み手が特定できるようにしてください。まず、**法令名**については、正式名称で引用するのが原則ですが、正式名称が長い場合は、最初のところで、以下○○と略称する、という注記をしておけば、以後の引用は○○で済ませることができます。また、1つのレポートや答案に1つの法令しか出てこないときは、最初のところで、以下条数のみを記す、という断り書きをしておけば、以後の引用は条数で済ませることができます。次に**条・項・号**は、縦書きの場合には漢数字で、横書きの場合はアラビア数字で引用します。頭に出てくる「第」の字は、基本的につけてもつけなくても構いません。ただし、枝番号付きの条文の項や号を引用するときは、条の枝番号と項・号の数字が重なって読みにくいので、項・号番号の前に「第」をつけて、例えば、民事訴訟法215条の2第2項のようにして、識別しておくのが無難です。また、「条」の字を省略して、数字の頭に§をつけて表示する人がけっこういますが、これは正式な記号ではありませんから、書き出しの前に条文の表記法はこのようにする、という断り書きを入れてから使うくらいの配慮が必要でしょう。さらに、2条⑥などの、六法の表記のままであるとか、6条の三のように、アラビア数字と漢数字を混在させた表記をするレポートや答案をたまに見かけますが、こうなると項を意味するのか、号を意味するのかが読み手には理解できません[74]。さらに、**前段・後段、本文・ただし書きをきちんと特定**してください。これをしないと、条文全体を問題にしているものと理解されてしまいます。

ある条文中の個所を特定・指示しなければならない、ということを意味します。

[74] 読み手も六法を常備しているはずだから、そのくらいのことは善解してくれてもよさそうなものではないか、という反論があるかもしれません。しかし、自分のノートやメモ書きならいざ知らず、また高校の校内の試験で提出する答案ならいざ知らず、大学で答案やレポートを書き、さらにゆくゆくは一般社会で他人に読んでもらう文章を書かなければならないみなさんには、多少意味の取りにくい文章を書いても、読み手の方で、書き手の意思を推測して読み解いてもらえるはずだ、そうでないのは読み手の怠慢だ、などという甘えはもはや許されません。むしろ読み手は基本的に、みなさんの書いた文章を斜に構えて読んでくる不親切な存在だ、くらいに考えておかなければなりません。

第4章 法令の文法②〜基本法令用語集

　ここでは、必ずしも網羅的ではありませんが、複数の法分野で共通して用いられる主要な用語を取り上げ、使い方と意味を説明します。なお、各節で説明する重要な語句を、冒頭に掲げておきます。

第1節　数量的限定

```
期間、起算点、満了点、初日不算入
期限、始期、終期、条件、停止条件、解除条件
直ちに、遅滞なく、すみやかに、当分の間
```

第1項　数量的限定を表す用語

　高校までの数学の時間あたりで、以上・以下と未満の違いとして、X以上・以下の場合にはXを含み、X未満の場合は含まないと聞いていると思います。法令上もこれと同じ使い方をします。法令上現れるバリエーションも以下のとおり、「以」の字がついている場合は、基準点を含み、ついていない場合は含まない、という形で統一されています。

表1-4-1　数量的限定を表す用語の使い方

限定の対象となるもの	基準点（X）を含む	基準点を（X）を含まない
数量一般	以　下	未　満
	以　上	超える
	以　内	内
時　間	以　前	前
	以後、以降	後

第2項　期間と期限

　時間の限定が出てきたついでに、時間的要素に関連して、法令上しばしば重要な意味をもつ、期間と期限について、説明しておきます[75]。法学の世界では、

---

[75] この2つに似た用語として、**期日**というのがあります。これは、裁判所あるいは行政庁

第 1 部　法令読解の部

時間的要素が非常に重要視されるため、正確な理解が必要なところです。

(1) 期　間

期間は、ある時点とある時点とで区切られた一定の時間的な幅を意味します。期間は、しばしば前項の数量的限定を表す語と組み合わせて、ほぼあらゆる法分野で出てきます。

例 1-4-1 期間を問題にしている条文の例

> 例1：*憲法 54 条 1 項*　衆議院が解散されたときは、**解散の日から 40 日以内**に、衆議院議員の総選挙を行ひ、**その選挙の日から 30 日以内**に、国会を召集しなければならない。
> 例2：*行政事件訴訟法 14 条 1 項*　取消訴訟は、**処分又は裁決があったことを知った日から 6 箇月を経過**したときは、提起することができない。ただし、正当な理由があるときは、この限りでない。
> 例3：*民法 126 条*　取消権は、**追認をすることができる時から 5 年間**行使しないときは、時効によって消滅する。行為の時から 20 年を経過したときも、同様とする。
> 例4：*会社法 299 条 1 項*　株主総会を招集するには、取締役は、**株主総会の日の 2 週間**（中略）**前までに**、株主に対してその通知を発しなければならない。
> 例5：*民事訴訟法 332 条*　即時抗告は、**裁判の告知を受けた日から 1 週間の不変期間内**にしなければならない。
> 例6：*刑法 32 条*　時効は、**刑の言渡しが確定した後、次の期間**その執行を受けないことによって完成する。
> 　　一　死刑については **30 年**（以下省略）
> 例7：*刑事訴訟法 205 条 1 項*　検察官は、第 203 条の規定により送致された被疑者を受け取ったときは、弁解の機会を与え、留置の必要がないと思料するときは直ちにこれを釈放し、留置の必要があると思料するときは**被疑者を受け取った時から 24 時間以内**に裁判官に被疑者の勾留を請求しなければならない。

期間を定めた条文を読む場合には、期間の始まりとなる時点（**起算点**）、期間の終わりとなる時点（**満了点**）と、その間の時間的な幅の大きさ、の 3 つの要素を抑える必要があります。そして多くの場合は、上の例のように、起算点または満了点のどちらかと時間的な幅とを、条文から読み取ることができます

における手続において、手続の主宰者（裁判所、行政庁）と関係者（当事者、私人）が所定の場所に集まって手続を進める日時を指して使われます。

第4章 法令の文法②〜基本法令用語集

ので、それに基づいて期間を計算することができます。期間の計算方法の原則は、民法138条から143条までに定めがありますが、その際、どのような単位で時間的な幅の大きさを定めるかによって、計算方法が違っています。

表 1-4-2 期間の計算方法

期間を定める単位	起算点	満了点	
時間、分、秒	即 時	所定の時間の経過時	
日	**初日不算入**（午前零時から始まる場合をのぞく）	末日の終了	暦により計算
週			
月			
年			

したがって、例えば3月3日に「今日から6か月」と定める場合は、初日である3月3日を算入することなく、3月4日から起算して、9月3日が満了点になります。これに対して、3月2日までに、「3月3日から6か月」と定める場合は、3月3日から起算して、9月2日が満了点になります。また、「1月31日から起算して1か月」という場合は、2月には31日に応当する日がありませんから、2月末日（28日か29日）が満了点になります。なお、以上の原則とは異なる計算方法がとられる場合には、他の法令にその旨の定めが置かれます（例えば、年齢計算ニ関スル法律1項、戸籍法43条、刑法23条、24条、刑事訴訟法55条1項但書、3項、民事訴訟法95条2項、3項など）。

〜練習問題 2〜

（上の例1から7までを参照）
① 平成26年4月25日17時35分に衆議院が解散したら、いつまでに総選挙を行う必要があるか。
② 平成26年8月10日に行政処分のあったことを知ったときは、その取消訴訟を提起できるのはいつまでか。
③ 平成26年7月3日14時30分に追認できるようになった行為の取消権は、いつまでに行使する必要があるか。
④ 平成26年6月24日10時に株主総会を招集するには、いつまでに招集通知を発する必要があるか。
⑤ 平成26年9月30日13時に告知を受けた裁判に対する即時抗告は、いつまでにする必要があるか。

第 1 部　法令読解の部

> ⑥　平成 26 年 2 月 1 日に言渡しの確定した死刑判決の時効は、いつ完成するか。
> ⑦　平成 26 年 12 月 24 日 16 時 30 分に被疑者を受け取った検察官が、留置の必要ありと思料する場合、いつまでに勾留の請求をする必要があるか。

(2) 期　限

　例えば、6 月 30 日に返済してもらう約束で、友達に 100 万円を貸したという場合、100 万円を返せという権利は、6 月 30 日にならないと行使できませんし、3 月 31 日に明け渡す約束で、大家さんからアパートを借りたという場合、アパートを使う権利は、3 月 31 日までしか行使できません。このように、将来のある時点になったときにある法的な効果を発生させる、あるいは消滅させるものを、**期限**といいます。そして、前者のように、ある時点になった（これを、「期限が到来した」と言います）ときに法的な効果が発生する場合の期限を**始期**、後者のように、期限が到来すると法的な効果が消滅する場合の期限を**終期**といいます[76]。

第 3 項　時間的要素に関わるその他の用語

(1)「直ちに」「遅滞なく」「速やかに」～即時性を表す用語

　この 3 つは、前のものほど強い即時性が要求されると解されています。つまり、**「直ちに」**とくれば、何をさておいてもすぐにという趣旨に、**「遅滞なく」**は、正当なあるいは合理的な理由に基づく遅滞は許されるが、事情の許す限りはやくにという趣旨に、それぞれ用いられます。ときには、違反行為に何らかの制裁が用意されることもあります。これらに対して、**「速やかに」**は、どちらかというと訓示的な意味で用いられます。

---

[76]　期限と類似のものに、**条件**というのがあります。将来起こることが確実か確実でないかによって、期限と区別します。つまり、期限は将来必ず到来するものであるのに対し、条件は将来成就するかどうか不確定であることが必要です。そして、条件が成就することによって法的な効果が発生する場合の条件を**停止条件**、逆に条件が成就することによって法的な効果が消滅する場合の条件を**解除条件**と言います（民法 127 条 1 項、2 項）。語感が分かりにくいかもしれませんが、停止条件は、法的な効果の発生が停まっている、解除条件は発生した法的な効果が無しになる、と考えてください。
　なお、期限は将来必ず到来するものであれば足り、何月何日というようにその時点が確定的に定まっていることまでは必要ありません。したがって、例えば「来年度の予算が成立した時」というような時期が不確定なものも期限となります。

例 1-4-2 「直ちに」「遅滞なく」「速やかに」の用例

> *民事訴訟法 57 条* 訴訟代理人の事実に関する陳述は、当事者が**直ちに**取り消し、又は更正したときは、その効力を生じない。
>
> *民事訴訟法 90 条* 当事者が訴訟手続に関する規定の違反を知り、又は知ることができた場合において、**遅滞なく**異議を述べないときは、これを述べる権利を失う。ただし、放棄することができないものについては、この限りでない。
>
> *遺失物法（平成 18 年法律第 73 号）4 条 1 項* 拾得者は、**速やかに**、拾得をした物件を遺失者に返還し、又は警察署長に提出しなければならない。ただし、法令の規定によりその所持が禁止されている物に該当する物件及び犯罪の犯人が占有していたと認められる物件は、**速やかに**、これを警察署長に提出しなければならない。

(2) 「当分の間」～実は無期限？！

例 1-4-3 「当分の間」の用例①

> *判事補の職権の特例等に関する法律（昭和 23 年法律第 146 号）1 条* 判事補で裁判所法（昭和 22 年法律第 59 号）第 42 条第 1 項各号に掲げる職の一又は二以上にあってその年数を通算して 5 年以上になる者のうち、最高裁判所の指名する者は、**当分の間**、判事補としての職権の制限を受けないものとし、同法第 29 条第 3 項(同法第 31 条の 5 で準用する場合を含む。)及び第 36 条の規定の適用については、その属する地方裁判所又は家庭裁判所の判事の権限を有するものとする。

これは、判事の人数が不足していた時代に、判事補としての職務経験が 5 年以上ある裁判官のうち、最高裁判所の指名する者に、判事と同格の権限を与え、急場しのぎをしようとしたものです。この法律の制定以来、すでに 65 年以上たちますが、いまだに「当分の間」が続いていることになります。

しかし、上には上があります。

例 1-4-4 「当分の間」（当分の内）の用例②

> *刑法施行法（明治 41 年法律第 29 号）25 条 1 項* 旧刑法第 2 編第 4 章第 9 節ノ規定ハ**当分ノ内**刑法施行前ト同一ノ効力ヲ有ス

旧刑法（明治 13 年太政官布告第 36 号）第 2 編第 4 章第 9 節は、「公選ノ投票ヲ偽造スル罪」を定めていましたが、これが刑法施行後も、当分の内は、施行

前と同一の効力をもっている、というわけです。そして、刑法施行法は立派な現行法ですから、かれこれ 100 年以上、旧刑法の規定が効力を持ち続けている、つまり「当分の内」が続いていることになります。このように**「当分の間」（＝当分の内）**とあると、そう遠くない将来に改廃される臨時的・暫定的な措置を定めたもののように読めますが、実際問題としては、それについて新たな立法措置が講じられるまでは、「当分の間」が続いている、と読むことになります。

第 2 節　単語・句をつなぐ接続詞・接続的表現

> 及び、並びに、かつ
> 又は、若しくは
> 場合、とき、時、「A に係る B」、「C に関する D」、よって

　法令上、センテンス同士をつなぐ接続詞は、すでに出てきた「ただし」くらいですが、センテンスの中で単語あるいは句をつなぐ接続詞には主に、2 つ以上のものを並列的につなぐものと、選択的につなぐものの 2 種類があります。また、接続詞を用いない接続的表現についても、ここでいくつか紹介しておきます。

第 1 項　並列的接続

　2 つ以上のものを並列的につなぐ場合、**「及び」**という語と**「並びに」**という語があります。一般の用語法では、特に区別せずに使いますが、法令用語上、この 2 つは厳密に使い分ける必要があります。

(1) 2 つのものを並列的につなぐ場合

例 1-4-5　並列的接続の例①
> *刑法 12 条 1 項*　懲役は、無期**及び**有期とし、有期懲役は、1 月以上 20 年以下とする。

　この条文では、懲役には、無期と有期の 2 種類があるものとして、これらを「及び」で並列的に接続しています。このように、原則的には「及び」を使います。

第4章　法令の文法②〜基本法令用語集

(2) 3つ以上の同レベルのものを並列的につなぐ場合

例1-4-6　並列的接続の例②

> *刑法9条*　死刑、懲役、禁錮、罰金、拘留**及び**科料を主刑とし、没収を付加刑とする。

　この条文は、前半で「主刑」の種類を列挙しています。つまり、死刑、懲役、禁錮、罰金、拘留、科料の6つは、「主刑」に含まれるという意味では、同じレベルのものですから、これらを並列的につないでいるわけです。このように、3つ以上のものを同じレベルのものとして並列的につなぐ場合も、「及び」を使いますが、その場合、列挙部分すべてに「及び」をつけるのではなくて、列挙部分の一番さいごだけにつけます。

(3)　並列関係に階層がある場合①〜階層が2段階の場合

例1-4-7　並列的接続の例③

> *裁判の迅速化に関する法律（平成15年法律第107号）2条1項*　裁判の迅速化は、（中略）充実した手続を実施すること**並びに**これを支える制度**及び**体制の整備を図ることにより行われるものとする。

　この条文は、まず「これを支える制度」と「体制」とが「及び」で結ばれ、その上で、「及び」で結ばれたまとまり全体が、「充実した手続を実施すること」と「並びに」で結ばれています。つまり制度と体制とはいずれも、「整備を図る」対象となるものという点で似たもの同士なので、並列的に結ばれており、それと「充実した手続を実施すること」とがさらに並列していると読むことになります。このように、並列関係にあるものとして結ばれているまとまりと、別のものとがさらに並列関係に立つことを表す場合には、大きい方の並列関係を表すのに、「並びに」を用います。したがって、結局のところ、『充実した手続を実施すること』と『これ（＝充実した手続の実施）を支える制度及び体制の整備を図ること』が並列関係にあると読むわけです。これを一般化すると、次のようになります。

$$\{(A 及び B) 並びに (C 及び D)\}$$

第1部　法令読解の部

(4) 並列関係に階層がある場合②〜階層が3段階以上の場合

例1-4-8　並列的接続の例④

> *地方自治法231条の3第4項*　第1項の歳入**並びに**第2項の手数料**及び**延滞金の還付**並びに**これらの徴収金の徴収又は還付に関する書類の送達**及び**公示送達については、地方税の例による。

　この場合は、一番小さい並列関係を表すのに「及び」を用い、それ以上の段階の接続は、すべて「並びに」を用います。上の例ではまず、「手数料」と「延滞金」、「送達」と「公示送達」が、それぞれ「及び」、で結ばれていますから、これらが一番小さい接続になります。そして、「第1項の歳入」「第2項の手数料及び延滞金の還付」「これらの徴収金の徴収又は還付に関する書類の送達及び公示送達」という3つが「並びに」で結ばれていることになりますが、どちらの「並びに」が次の階層の接続かは、文脈で判断するしかありません。つまり、

> (A：最初の「並びに」を次の階層と見る読み方)
> 　{「第1項の歳入」並びに「第2項の手数料及び延滞金の還付」}
> 　　並びに
> 　「これらの徴収金の徴収又は還付に関する書類の送達及び公示送達」
>
> (B：2番目の「並びに」を次の階層と見る読み方)
> 　「第1項の歳入」
> 　　並びに
> 　{「第2項の手数料及び延滞金の還付」並びに「これらの徴収金の徴収又は還付に関する書類の送達及び公示送達」}

　しかし、(B)のように読むと、「これらの徴収金」に「第1項の歳入」が含まれないと理解することになりますので、「第1項の歳入」を徴収するための書類の送達・公示送達については、規定が存在しないということになってしまいますから、(A)のように読むのが正しいことになります。

(5)「かつ」

　並列の接続詞としては、もうひとつ「かつ」というのが使われることがありますが、これについては特段の決まりはありません。語感を生かして前後の文

言を読みやすくなるように一体的に連結するような場合に、「及び」の代わりに用いられるようです。

例 1-4-9 「かつ」の用例

> *刑法 109 条 1 項* 放火して、現に人が住居に使用せず、**かつ**、現に人がいない建造物、艦船又は鉱坑を焼損した者は、2 年以上の有期懲役に処する。

　この条文は、非現住建造物等放火罪の規定ですが、この場合、放火の対象になるのは、「現に人が住居に使用せず」かつ「現に人がいない」建造物等とされています。したがって、例えば無人の倉庫に放火した場合は、本条に該当しますが、現に人がいる倉庫に放火した場合は、本条には該当しないことになり、その場合には、108 条の現住建造物等放火罪の成立が問題になります。

～練習問題 3～

> 「及び」「並びに」の階層に注意して、次の条文の構造を説明してください。
> ① *消費者契約法 13 条 1 項のカッコ書き部分* （不特定かつ多数の消費者の利益のために差止請求権を行使する業務並びに当該業務の遂行に必要な消費者の被害に関する情報の収集並びに消費者の被害の防止及び救済に資する差止請求権の行使の結果に関する情報の提供に係る業務をいう。以下同じ。）
> ② *個別労働関係紛争の解決の促進に関する法律 21 条 5 項* 第 1 項の規定により読み替えられた第 3 条、第 4 条第 1 項及び第 2 項並びに第 5 条第 1 項並びに前項の規定により読み替えて準用される第 18 条に規定する地方運輸局長（運輸監理部長を含む。）の権限は、国土交通省令で定めるところにより、運輸支局長又は地方運輸局若しくは運輸支局の事務所の長に委任することができる。
> ③ *知的財産基本法 7 条 3 項* 国及び地方公共団体は、知的財産の創造、保護及び活用に関する施策であって、大学及び高等専門学校並びに大学共同利用機関に係るものを策定し、並びにこれを実施するに当たっては、研究者の自主性の尊重その他大学及び高等専門学校並びに大学共同利用機関における研究の特性に配慮しなければならない。

第 2 項　選択的接続

　2 つ以上のものを選択的につなぐ場合、**「又は」** という語と **「若（も）しくは」** という語があります。これも、一般の用語法では、特に区別せずに使いますが、法令用語上、この 2 つは厳密に使い分ける必要があります。

第 1 部　法令読解の部

(1) 2つのものを選択的につなぐ場合

例 1-4-10　選択的接続の例①

> *民法 90 条*　公の秩序**又は**善良の風俗に反する事項を目的とする法律行為は、無効とする。

　この条文は、「公の秩序」と「善良の風俗」という 2 つの事項が「又は」でつながれていますが、少なくともいずれか一方に反する事項を目的とする法律行為は、無効になることを定めています[77]。このように、原則的には「又は」を使います。

(2) 3つ以上の同レベルのものを選択的につなぐ場合

例 1-4-11　選択的接続の例②

> *学校教育法 92 条 6 項*　教授は、専攻分野について、教育上、研究上**又は**実務上の特に優れた知識、能力及び実績を有する者であって、学生を教授し、その研究を指導し、**又は**研究に従事する。

　この条文の 1 つ目の「又は」は、教授が専攻分野について有するべき知識、能力及び実績が何についてのものかを表すために、「教育上」「研究上」「実務上」の 3 つを選択的につないでいます。また、2 つ目の「又は」は、教授の仕事として「学生を教授する」「学生の研究を指導する」「（自己の）研究に従事する」の 3 つを選択的につないでいます。このように、3 つ以上のものを同じレベルのものとして選択的につなぐ場合も、「又は」を使いますが、その場合でも、列挙部分のすべてに「又は」をつけるのではなくて、列挙部分の最後のところに 1 回だけつけることになります。

(3) 選択関係に階層がある場合①～階層が 2 段階の場合

例 1-4-12　選択的接続の例③

> *刑法 79 条*　兵器、資金**若しくは**食糧を供給し、**又は**その他の行為により、前 2 条の罪を幇助した者は、7 年以下の禁錮に処する。

---

[77]　文脈によっては「A 又は B」を、「A であって B ではない」か「B であって A ではない」のいずれか一方に限定し、「A かつ B」を含まない場合もあるので、注意を要します。

この条文は、内乱幇助（ほうじょ）罪を定めるものですが、まず「兵器」「資金」「食糧」の 3 つが「若しくは」で選択的に結ばれ、これらを「供給し」と「その他の行為」とがさらに選択的に結ばれています。このように、選択関係にあるものとして結ばれたもの全体が、別のものとさらに選択関係に立つ場合は、**大きい方の並列関係を表すのに、「又は」を使い、小さい方の並列関係は「若しくは」**で表します[78]。一般化すると、こうなります。

（A、B 若しくは C）又は D

(4) 選択関係に階層がある場合②〜階層が 3 段階以上の場合

この場合は、一番大きい選択関係を表すのにだけ「又は」を用い、それ以下の段階の接続は、すべて「若しくは」を用います[79]。まずは、比較的簡単な例を見ておきましょう。

例 1-4-13 選択的接続の例④

> *刑法 130 条*　正当な理由がないのに、人の住居**若しくは**人の看守する邸宅、建造物**若しくは**艦船に侵入し、**又は**要求を受けたにもかかわらずこれらの場所から退去しなかった者は、3 年以下の懲役又は 10 万円以下の罰金に処する。

この条文はまず、人の看守する「邸宅」「建造物」「艦船」の 3 つが「若しくは」で選択的につながれて、1 つのまとまりとなり、このまとまりと人の「住居」がさらに「若しくは」で選択的につながれている、と読みます。前半は、見張りがついていない「住居」への侵入、後半は、見張りのついている建物・船への侵入ということで、区別できるわけです。次に、「侵入し」と要求を受けたにもかかわらずこれらの場所から「退去しなかった」とが「又は」で選択的につながれています。前半は、積極的に入って行くという「作為」、後半は、入った後、要求を受けても出て行かないという「不作為」を、それぞれ処罰対象として区別しているわけです[80]。

---

[78]　「及び」と「並びに」の使い分けと逆になっていることに注意してください。
[79]　ここも、「及び」と「並びに」の使い分けと逆になっていることに注意してください。
[80]　刑法上は、作為の方を、住居侵入罪とか建造物侵入罪と呼び、不作為の方を不退去罪と呼んで区別しています。

第1部　法令読解の部

例 1-4-14　選択的接続の例⑤

> 不正競争防止法2条1項13号　商品**若しくは**①役務**若しくは**②その広告**若しくは**③取引に用いる書類**若しくは**④通信にその商品の原産地、品質、内容、製造方法、用途**若しくは**⑤数量**若しくは**⑥その役務の質、内容、用途**若しくは**⑦数量について誤認させるような表示をし、**又は**その表示をした商品を譲渡し、引渡し、譲渡**若しくは**⑧引渡しのために展示し、輸出し、**若しくは**⑨電気通信回線を通じて提供し、**若しくは**⑩その表示をして役務を提供する行為

　全部で「若しくは」が10か所もあり、一見しただけでは何のことだか分からないかもしれません。しかし、「又は」が一番大きい選択関係なわけですから、その前後で区切ると、前半に、「若しくは」が7か所、後半には3か所あります。とりあえず、苦労の少なくて済みそうな、後半から読んでみましょう。

　そうするとまず、⑧の「若しくは」が、「譲渡」と「引渡し」をつないでひとまとまりを形成しています。次に、⑨の「若しくは」は、(その表示をした商品を)「譲渡し」「引渡し」『譲渡若しくは引渡し』のために展示し」「輸出し」「電気通信回線を通じて提供し」の5つをつないで、1つ大きなまとまりを作っています。そして、⑩の「若しくは」は、これら5つのひとまとまりと「その表示をして役務を提供する」とをつないでさらに大きなまとまりを作っているわけです。そしてこれら全体が1つのまとまりとなって、「又は」の前と選択関係をなしています。

　前半に戻りましょう。その際には、今、後半で2回出てきた「その表示」というのが、何を意味するのかが、前半に書かれていることを確認してください。要するに前半は、どのようなことについての誤認表示行為が対象になるかを延々と記述しているわけです。その上で、①の「若しくは」は、「商品」と「役務」をつないでひとまとまりを形成しています。また、④の「若しくは」は、「書類」と「通信」をつないでひとまとまりを形成しています。そして、②の「若しくは」は、商品・役務それ自体とその広告とを選択的に並べて、さらに③の『若しくは』はこれらと「取引に用いる書類若しくは通信」のまとまりを選択的に並べています。したがって結局のところ、「①商品・役務それ自体、②商品・役務の広告、③取引に用いる書類・通信」に、と読みます。ここまでがひとつのかたまりになって、助詞の「に」が導く対象・目的が表されています。

　次の⑤の「若しくは」は、「原産地」「品質」「内容」「製造方法」「用途」「数

量」の 6 つを選択的につないだもので、⑦の「若しくは」は、「質」、「内容」、「用途」「数量」の 4 つを選択的につないだものです。そして、⑥の「若しくは」が、「その商品の原産地…数量」と「その役務の質…数量」を選択的に、「について」につなげています。

かなり面倒ですが、接続されているものどうしの性質の類似性をにらみながら、階層を大小あるいは何が同じレベルの階層をなしているかを、読み解いていくよりほかありません。ここでも、次の練習問題をやってみましょう。

～練習問題 4～

> 「又は」「若しくは」の階層に注意して、次の条文（特定商取引に関する法律24条1項本文）の構造を説明してください。
>
> 販売業者<u>若しくは</u>役務提供事業者が電話勧誘行為により電話勧誘顧客から商品<u>若しくは</u>指定権利<u>若しくは</u>役務につき当該売買契約<u>若しくは</u>当該役務提供契約の申込みを郵便等により受けた場合におけるその申し込みをした者<u>又は</u>販売業者<u>若しくは</u>役務提供事業者が電話勧誘行為により電話勧誘顧客と商品<u>若しくは</u>指定権利<u>若しくは</u>役務につき当該売買契約<u>若しくは</u>当該役務提供契約を郵便等により締結した場合におけるその購入者<u>若しくは</u>役務の提供を受ける者（カッコ内省略）は、書面によりその売買契約<u>若しくは</u>役務提供契約の申し込みの撤回<u>又は</u>その売買契約<u>若しくは</u>役務提供契約の解除（カッコ内省略）を行うことができる。

第3項 その他の接続的表現

(1) 仮定条件節

例1-4-15 仮定条件節を作る「場合」「とき」の用例

> 例1：*信託法8条*　受託者は、受益者として信託の利益を享受する**場合**を除き、何人の名義をもってするかを問わず、信託の利益を享受することができない。
>
> 例2：*民法509条*　債務が不法行為によって生じた**とき**は、その債務者は、相殺をもって債権者に対抗することができない。
>
> 例3：*民法19条1項*　後見開始の審判をする**場合において**、本人が被保佐人又は被補助人である**とき**は、その本人に係る保佐開始又は補助開始の審判を取り消さなければならない。

例1、2のように、センテンス中で仮定条件節を作るときは、**「場合」「とき」**を使います。この2つは、単独で用いる場合には、そのときどきの語感によってどちらを使うこともできます。ただし、仮定条件が階層をなしているときは、例3のように、**大きい方の条件には「場合」**を、**小さい方の条件には「とき」**を使います。後見開始の審判をする場合はいろいろありうるわけですが、この条文は、そのうちでも、審判の名宛人（本人）が被保佐人・被補助人であるときの取扱いを定めています。

なお、「とき」と区別すべき用語に、**「時」**というのがあります。読み方はいっしょですが、漢字の「時」は、仮定条件を示す意味では使われず、ある時点あるいは時間が問題となる場合に限って使われます。

例1-4-16 「時」の用例

> 例4：*憲法39条前段* 何人も、実行の**時**に適法であった行為又は既に無罪とされた行為については、刑事上の責任を問はれない。

(2) 関連性の表示

「Aに係るB」とか、**「Cに関するD」**とかの言い方も、AとBあるいはCとDに関連性あるいはつながりを持たせているのは、間違いありません。この2つは、前後の関係が直接的かどうかで区別されます。

例1-4-17 関連性の表示の例

> 例1：*行政手続法9条1項* 行政庁は、申請者の求めに応じ、当該申請**に係る**審査の進行状況及び当該申請に対する処分の時期の見通しを示すよう努めなければならない。
> 例2：*刑法104条* 他人の刑事事件**に関する**証拠を隠滅し、偽造し、若しくは変造し、又は偽造若しくは変造の証拠を使用した者は、2年以下の懲役又は20万円以下の罰金に処する。

例1の「に係る」は、前後の関係が密接あるいは直接的な場合に用いられ、ここでは、当該申請に対する審査それ自体のみを指します。これに対して、例2の「に関する」は、前後の関係が間接的な場合も広く含む場合に用いられ、他人の刑事裁判において証拠として実際に用いられたものだけではなく、例えば、今後用いられる可能性のあるものも含むことになります。

(3) 因果関係

「**よって**」という語は、センテンスの頭に接続詞として置かれる場合は、結論を導く言い方になりますが、センテンスの途中にきた場合は、因果関係を意味することがあります。

例 1-4-18 「よって」の用例

> 例1：*民法 709 条*　故意又は過失に**よって**他人の権利又は法律上保護される利益を侵害した者は、これに**よって**生じた損害を賠償する責任を負う。
> 例2：*刑法 205 条*　身体を傷害し、**よって**人を死亡させた者は、3 年以上の有期懲役に処する。

例1の民法 709 条は、不法行為の成立要件を定めた非常に有名な条文で、損害賠償責任が生じるためには、故意・過失（による行為）を原因として権利・利益の侵害という結果が発生したことと、権利・利益の侵害行為を原因として、損害の発生という結果が生じたこととが必要である、と言っていることになります。また、例2の刑法 205 条は、傷害致死罪について定めたもので、人にケガをさせるつもりで実際にケガを負わせたところが、運悪くそのケガがもとで死んでしまった、という場合の刑罰を定めています[81]。このような場合、昔の条文では、「因て」あるいは「因り」という表記がされています。なお、「〇〇法の定めるところによって」という場合のように、準拠または手段を表す、「よって」もあります。古い条文では、この場合を「依て」と書き分けていましたが、現在ではどちらもひらがなで表記されていますので、文脈によって見分ける必要があります。

第3節　文末表現

> しなければならない、努めなければならない、するものとする
> 　してはならない
> 　することができる
> 　推定する、みなす

---

[81] このような犯罪は、結果的加重犯といい、ケガをさせるつもりでケガをさせたにとどまる場合（傷害罪）よりも重くなります。他方、殺すつもりで殺してしまった場合（殺人罪）は、さらに重くなるのは、言うまでもありません。

第 1 部　法令読解の部

　日本語のセンテンスは、文末の述語部分のむすび方ひとつで全く正反対の意味になってしまいますから、みなさんが自分で文章を書くときはもちろんのこと、他人の書いた文章を読むときも、おしまいまで気をつけていないと、とんでもない読み間違いをすることがあります。以下、法令に出てくる文末表現の代表的なものを説明します。

第 1 項　命令と禁止

　一般的な感覚からいって、一番、法令らしい定めは恐らく、この 2 つだろうと思いますが、じつはけっこうバリエーションがあります。

(1) 命 令

　法令が人にあることをするよう義務づける場合、もっとも直接的には、「○○をする義務がある」という言い方をします。この言い方は、下の例 1 のように税法の条文に典型的に見られます。これに対し、多くの場合は、例 2 以下のように**「（し）なければならない」**という言い方が使われます。

例 1-4-19　命令表現の例①

> 例 1：*所得税法 5 条 1 項*　居住者は、この法律により、所得税を納める**義務がある**。
> 例 2：*道路交通法 84 条 1 項*　自動車及び原動機付自転車（以下「自動車等」という。）を運転しようとする者は、公安委員会の運転免許（以下「免許」という。）を**受けなければならない**。
> 例 3：*民事訴訟法 43 条 1 項*　補助参加の申出は、参加の趣旨及び理由を明らかにして、補助参加により訴訟行為をすべき裁判所に**しなければならない**。
> 例 4：*行政手続法 32 条 1 項*　行政指導にあっては、行政指導に携わる者は、いやしくも当該行政機関の任務又は所掌事務の範囲を逸脱してはならないこと及び行政指導の内容があくまでも相手方の任意の協力によってのみ実現されるものであることに**留意しなければならない**。
> 例 5：*民事訴訟法 251 条 1 項本文*　判決の言渡しは、口頭弁論の終結の日から 2 月以内に**しなければならない**。

　これらの義務に違反した場合の効果は強弱さまざまです。それぞれの法令の趣旨・目的との関係で、命令を遵守させる必要性がどこまで強いかを念頭において、各法分野において議論されます。これに対し、私人あるいは国、行政な

どに、いわゆる**「努力義務」**を課する次のような規定もあります。

例 1-4-20 命令表現の例②

例6：*労働基準法 1 条 2 項* この法律で定める労働条件の基準は最低のものであるから、労働関係の当事者は、この基準を理由として労働条件を低下させてはならないことはもとより、その向上を図るように**努めなければならない**。

例7：*年齢のとなえ方に関する法律 1 項* この法律施行の日以降、国民は、年齢を数え年によって言い表す従来のならわしを改めて、年齢計算に関する法律（明治 35 年法律第 50 号）の規定により算定した年数（1 年に達しないときは、月数）によってこれを言い表すのを常とするように**心がけなければならない**。

このような規定の下では、例えば労働関係の当事者が労働条件の向上を図る努力をサボっていたからといって、道徳的な非難はともかくとして、何か法的な効果が生じることはありません。つまり、この規定は、法的な義務を関係者に課するものではない、一種の**訓示規定**ということになります。

(2) 禁 止

あることをするのを禁止する、つまりあることをしないよう義務づける、という場合には、**「〇〇してはならない」**という言い方をします。

例 1-4-21 禁止表現の例①

例1：*麻薬及び向精神薬取締法 12 条 3 項本文* 麻薬原料植物は、何人[82]も、**栽培してはならない**。

例2：*労働基準法 58 条 1 項* 親権者又は後見人は、未成年者に代って労働契約を**締結してはならない**。

例3：*道路交通法 65 条 1 項* 何人も、酒気を帯びて車両等を**運転してはならない**。

このような場合、それぞれの行為を禁止する理由は様々ですが、何はともあれ、その法令の趣旨・目的と密接に関連していることは言うまでもありません。そして、法令の趣旨・目的を実現するうえでは、この禁止に違反する行為を放っておくわけにはいきませんから、ほとんどの場合、違反行為について、罰則

---

[82] この語は、「なんにん」ではなく、「なんぴと」と読み、すべての人を指す場合に用いられます。

第 1 部　法令読解の部

規定が置かれます。ただし、禁止の規定があり、さらに罰則も置かれているからといって、そのことだけから、例えば労働基準法 58 条 1 項に違反して未成年者に代って締結された労働契約が当然に無効になるとは言えず、この点は別に考えなければなりません。つまり、「してはならない」という禁止の規定は、私人の法律上の権利あるいは資格がないことを意味するものではない、とされています。そして、私人の法律上の権利あるいは資格がないことを表すときは、**「することができない」**という言い方をします。

例 1-4-22　禁止表現の例②

例 4：*民法 793 条*　尊属又は年長者は、これを養子と**することができない**。

このような場合は、「することができない」のにやったことに対して、罰則が設けられることは極めて例外的です[83]。メインに考えられているのはむしろ、その行為が事実として行われたとしても、それが本来の法的な結果を生じるのを否定することです。例 4 では、もともと当事者間の合意と届出によって成立するはずの養子縁組ですが、尊属・年長者を養子とする縁組をする法律上の権利はないと言っていることになります。事実上そのような縁組をしてはならないとは言っていません[84]。

(3)　その他の義務づけ

「しなければならない」というときは、どういう場合に何をすべきかがかなり明確ですが、やや抽象的・一般的に、行政機関などが依拠すべき原則あるいは方針を示す場合に、**「(する) ものとする」**を用います。また、これよりもさらに弱い表現としては、「常例とする」あるいは「例とする」があります。

例 1-4-23　「(する) ものとする」・「常例とする」の用例

例 1：*内閣法 4 条 1 項*　内閣がその職務を行うのは、閣議による**ものとする**。
例 2：*学校教育法 85 条*　大学には、学部を置くことを**常例とする**。ただし、当該大学の教育研究上の目的を達成するため有益かつ適切である場合においては、学部以外の教育研究

---

[83]　民法 732 条は、「配偶者のある者は、重ねて婚姻をすることができない。」と規定しますが、これに反して重ねて婚姻をした場合は、重婚罪（刑法 184 条前段）が成立します。
[84]　誤解のないように、大急ぎで注意しますが、このような意味であるとすると、事実上なされてしまった尊属・年長者を養子とする縁組をどう取り扱うかは、別に考える必要があります。結論だけを言えば、縁組の取消し請求の対象になります（民法 805 条参照）。

> 上の基本となる組織を置くことができる。

第2項 許 容

　現代の法秩序は、私人の活動は自由であることを前提にしてできあがっていますから、法令が私人に何かをすることを「許容する」というのは、やや「大きなお世話」な感じがするかもしれません。しかし、先ほどの禁止の裏返しで、一般的には許されないことを例外的に許可する、という場面はいくらでもあります。例えば、自動車運転免許という制度は、免許を受けない限り自動車の運転を一般的に禁止しておき、運転の技能が一定の水準以上にあると認められて免許を受ければ、例外的に禁止が解除されるしくみ、と見ることができます[85]。あるいは、裁判のような国家が運営している手続は、それに関与する人どうしのやりとりで進められます。そうすると、そのプロセスの中で関係者、つまり私人あるいは裁判所はいろいろなことをすることができるはずです。また、運転免許の取消し・停止（俗に、「免取」「免停」）というのがありますが、これは何も免許を持っている人と相談してから取消し・停止しているわけではなくて、公安委員会が一方的に決めることができます。さらに、私人同士の関係では、法がある人に権利を与えているのであれば、その人はその権利を行使することができるでしょう。このように、法令が誰かに、何かをすることを許容する旨を定める場合には、例えばこんな条文になります。

例1-4-24 許容表現の例

| 例1：*民事訴訟法11条1項*　当事者は、第1審に限り、合意により管轄裁判所を**定めることができる**。
| 例2：*民事訴訟法14条*　裁判所は、管轄に関する事項について、職権で証拠調べを**することができる**。
| 例3：*道路交通法103条1項柱書本文*　免許（カッコ書き内省略）を受けた者が次の各号のいずれかに該当することとなったときは、その者が当該各号のいずれかに該当することとなった時におけるその者の住所地を管轄する公安委員会は、政令で定める基準に従い、その者の免許を取り消し、又は6月を超えない範囲内で期間を定めて免許の効力を**停止することができる**。
| 例4：*民法249条*　各共有者は、共有物の全部について、その持分に応じた使用を**すること

---

[85] もっとも、だからと言って例えば、「自動車の運転免許を有する者は、自動車の運転をすることができる」などという条文は存在しません。自動車運転免許という制度が本文で述べたようなしくみであるとすれば、当たり前すぎて規定を置くまでもないからです。

第 1 部　法令読解の部

> ができる。

　例1では、当事者は合意によって管轄裁判所を定める訴訟手続上の権能を有することが、例2では、管轄に関する事項について裁判所が職権証拠調べをする権限を有することが、例3では、公安委員会が運転免許の取消し又は停止をする権限を有することが、そして例4では、共有者に持分に応じた共有物の使用権があることが、それぞれ分かります。このように見ると、「(する)ことができる」という文言は、法令が行為の主体に何らかの権利、権限または権能[86]を与えることを示している、と一応言うことができます[87]。

第3項　擬　制

　あることがらが実際にどのようになっているかとは無関係に、ある状態にあるかのように扱う、という場合があります。このようなことを表すには、次のように、**「推定する」**あるいは**「みなす」**という言葉が使われます。

例1-4-25　「推定する」「みなす」の用例

> 例1：*民法32条の2*　数人の者が死亡した場合において、そのうちの1人が他の者の死亡後になお生存していたことが明らかでないときは、これらの者は、同時に死亡したものと**推定する**。
> 例2：*民法753条*　未成年者が婚姻をしたときは、これによって成年に達したものと**みなす**。

　例1では、死亡した数人の者の死亡の前後関係が分からない場合には、本当はどちらが先に死亡していたかもしれないのに、同時に死亡したかのように扱うという意味になり、例2では、ほんとうは未成年者が婚姻をしたからといって急に成年者になるはずがないのに、成年に達したかのように扱うという意味になります。

　「推定する」と「みなす」[88]の使い分けは、擬制されている状態とは違う、真実の状態があることを主張、証明することが許されるかどうかによります。「推定する」の場合は、推定されている事実とは別な事実があることを主張、証明することが許されます。したがって例えば、AとBが同時に死亡したので

---

[86]　この3つの使い分けは、意外と難しいので、それぞれの分野の授業科目に委ねます。
[87]　ちなみに、古い条文では、「スルコトヲ得(う)」という書き方になります。
[88]　古い条文では、「看做ス」という書き方になります

第4章 法令の文法②〜基本法令用語集

はなく、Aがまず死亡し、その後にBが死亡した、という事実を主張し、そのことが立証されると、推定は覆されることになります[89]。これに対して、「みなす」の場合は、みなされている事実とは別な事実があることを主張、証明することは許されません。したがって、18歳のCが婚姻しているならば、Cは未成年者であるという主張は、もはやシャットアウトされることになります。

第4節 その他の若干の用語

> 「Aを除くほか」「Bを除いて（除き）」「C以外」「の外」
> 「その他」「その他の」

第1項 除　外

「**Aを除くほか（外）**」「**Bを除いて（除き）**」「**C以外**」は、ある事項を除外する意味に用いられます。

例1-4-26 除外表現の例

> 例1：*地方自治法7条の2第1項前段*　法律で別に定めるもの**を除く外**、従来地方公共団体の区域に属しなかった地域を都道府県又は市町村の区域に編入する必要があると認めるときは、内閣がこれを定める。
> 例2：*憲法33条*　何人も、現行犯として逮捕される場合**を除いて**は、権限を有する司法官憲が発し、且つ理由となってゐる犯罪を明示する令状によらなければ、逮捕されない。
> 例3：*民法163条*　所有権**以外**の財産権を、自己のためにする意思をもって、平穏に、かつ、公然と行使する者は、前条の区別に従い20年又は10年を経過した後、その権利を取得する。

例1では、「従来地方公共団体の区域に属しなかった地域を都道府県・市町村の区域に編入することの定め」は、基本的には内閣がするが、法律で別に定めることがらはそれとは別だ、と言っていることになります。例2では、「逮捕」は、基本的には令状によるが、現行犯として逮捕される場合は別だ、と言っていることになります。また、例3は、所有権を別にして、財産権の時効取

---

[89] こんな証明がなぜ問題になるかというと、後に死亡した者は前に死亡した者を相続してから死亡することになるのに対し、「同時死亡」とされた者同士では、相続が起こらないからです（同時存在の原則などといいます）。つまり、死亡の前後関係によって、遺族の受け取る遺産の額に大きな違いが出てくる可能性があるわけです。

第1部　法令読解の部

得を定めています。このように、いずれも、ある「大きなくくり」を想定した上で、そこからある事項を除外しているわけです。

　これらと同じに用いられることもあれば、微妙にそうでないこともあるちょっとややこしい用語に**「のほか（外）」**というのがあります。

例1-4-27　「のほか（外）」の用例
> 例1：*民事訴訟法3条*　この法律に定めるもの**のほか**、民事訴訟に関する手続に関し必要な事項は、最高裁判所規則で定める。
> 例2：*民事訴訟法220条4号*　前3号に掲げる場合**のほか**、文書が次に掲げるもののいずれにも該当しないとき。（以下略）

　例1では、「民事訴訟に関する手続に関し必要な事項の定め」としては、民事訴訟法に定めるものを別にして、最高裁判所規則（民事訴訟規則）に定める、と言っていますから、これはさっきの「除くほか」等と同じ意味です。これに対して、例2は、文書の所持者に裁判所への提出義務がある場合を列挙した条文の一部ですが、この場合は、前3号に掲げる場合を「含めて」、4号に定めるもの、という意味に理解されます。

第2項　「その他」と「その他の」

　この2つは、「の」がつくかどうかで意味が違うので、注意が必要です。

例1-4-28　「その他」「その他の」の用例
> 例1：*民法447条1項*　保証債務は、主たる債務に関する利息、違約金、損害賠償**その他**その債務に従たるすべてのものを包含する。
> 例2：*民法742条1号*　人違い**その他の**事由によって当事者間に婚姻をする意思がないとき。

　例1の「その他」は、前にある主たる債務に関する「利息」「違約金」「損害賠償」と、後にある「その債務に従たるすべてのもの」を並列させています。「又は」と似ていますが、「その他」の後には、前にあるものと比べて包括的・一般的なものが置かれます。これに対して、例2の「その他の」では、前にある「人違い」は後にある「事由」の例示、つまり「事由」の中に、「人違い」というのが含まれる関係にある、と読みます。

第 5 章 法令の読解の後に

　ここまでの説明では、現にあるルール（条文）を見つけるために六法を利用する、というのを出発点にして、探し当てた法令の意味内容を考える作業の前提となることがらをおもに取り扱ってきました。これは、法を学ぶという場合、法の解釈（意味内容の探求）の技法を身につけることが大きなボリュームを占めていることに対応しています。みなさんが、ある問題の法的な解決方法を検討する際に、問題解決の基準となるルール（法）は、今日では多くの場合、条文という目に見える形で存在していると考えてよく、その上で解釈によってルールの意味内容を明らかにし、具体的な事件に適用して解決を導く、というのが基本的な流れになります。そして、条文の意味内容を探求する作業の第一歩は、それが国語的にどのような意味を持つかを理解すること（文理解釈）に他なりません。文理解釈以外の法解釈の方法にも様々なものがあり、いわゆる法学入門の教科書等ではしばしば、「○○解釈」というのが羅列的に説明されていますが、本書ではこの点にあえて深入りすることはせず、ただ条文の意味内容を読み取ったその先にあるもの若干について言及するにとどめて、第 1 部を終わります。

第 1 節 条文から抽出されるルールの重要性

　はっきりとした条文の形でルールが存在するわけではなくても、複数の条文の集合あるいは関連から、ルールが抽出できる場合が少なくありません。例えば、「自己の権利といえども、義務者の任意によらずに、権利者が自力で実現してはならない（自力救済の禁止）」とか、「何人も自己の有する以上の権利を他人に移転することはできない（無権利者から権利を取得することはできない）」とか、「土地と建物は別個の物である」等々、いわば「条文はないが条文から読み取ることのできるルール」というべきものはいくらでもあります。このような場合、一方においては、条文に書いていないからといって、そのルールを軽視しないことが重要です。むしろ、条文に書いていないことでも、他の条文がその存在を前提にして作られている限り、条文の形で存在するルールとの間にそれほど優劣はないというくらいでかかった方が賢明でしょう。他方においては、みなさんが条文を読むときは、個々の条文の国語的な意味を探求すること

75

自体は必要なことだとしても、それだけでは十分でなく、他の条文と関連づけて、どのようなルールを抽出できるかを意識する必要があります。

第2節 不文法の重要性

　世の中の「ルール」は、みんなが仲良く社会生活を送るために存在するわけですが、すべてのルールが法令のように条文の形式で存在しているわけではありません。条文の形式になっていなくても、例えば、みんながなんとなくでも「従っておこう」という気持ちを共有しているものがあれば、それはやはり、みんなが仲良く社会生活を送るのに役立っている立派なルールということができます。そして、法（学）の世界では、条文の形式で存在する法を「**成文法**」というのに対し、そうでないものを「**不文法**」と呼んでいます。不文法は、人々の規範意識や合理精神に根差す慣習が次第に定着して、法として意識されるようになったもので（「生きた法」）、その内容を言語化する形でやがて成文法が誕生したと考えられています。

　成文法が世の中に秩序を与える役割を十分に果たすためには、不文法による補完が不可欠です。成文法は、ルールの内容が文字情報として言語化されて与えられ、それを目に見える形で体系的に整理・分類することができるので、明確性という点では圧倒的に優れています。しかも、今日では成文法が非常に発達し、我々の社会生活のほとんどの場面に秩序を与えている状況になっているので、成文法のルール（条文）を適用するだけで事足りる場面がむしろふつうという感じがするかもしれません。そのためまた、今日では成文法が原則として不文法よりも優位に立ちます（法の適用に関する通則法3条）。しかし、ルールを記述する作業じたい人間業ですから、法律屋がどれだけ精魂を傾けたとしても、世の中に通用しているあらゆるルールを正確に記述し尽くすことは恐らく不可能でしょう。また、ルールを記述する作業は、過去の経験を踏まえて、将来起こるかもしれない事態を想定しながら行なうわけですから、ルールを記述した時点ではまったく想定外だったような事態に直面した場合、成文法をいくらつつき回しても、解決策は出てきません。こうした場面では、不文法の助けを借りることが不可欠と言えます。

　不文法の中でも、裁判所に持ち込まれた具体的事件を解決するための判断を導く筋道の形で存在する**判例**は、他の不文法よりも事実上、強い力を持ってい

ます。これは、判例を生み出す裁判所が、司法権の担い手として高い権威を持ち、先例と同種の事案が再び裁判所に持ち込まれたならば、同様な判断が示されるのが公平に合致すると考えられているからです。このため、法学部あるいは法科大学院で法学を学ぶみなさんには、法令だけでなく、判例を読み解いて研究するスキルを身につけることが不可欠となります。このようなわけで、次の第2部では、判例の読み方を説明したいと思います。

第3節　ルールの背後にある原理・原則の探求

　法（ルール）は、社会における何らかの価値を実現する目的を背負っています。例えば今日では、個人の尊厳、自由、平等、正義、公平といったことが大切にされているわけですが、法（ルール）は、このような価値を守る、あるいは価値どうしの衝突を調整するためにあります。したがって、法（ルール）を理解するというのは、単に「どのような法（ルール）があるか」あるいは「法律にはどう書いてあるか」を知ることに止まらず、そのルールが背後に背負っている原理・原則に遡って、なぜこのようなルールがあるのかを考えながら読むことが必要になります。

　もっとも、法（ルール）に対するこのようなスタンスは、高等学校までの課程における**法教育**[90]が機能するようになれば、意識的か無意識的かは別として、ほぼこれを通じて身につけることができるでしょう。法教育は、単にどのような法（ルール）があるかを知識として教えるだけではなく、法（ルール）の背景にどのような価値があるのかに気づかせ、さらには原理・原則に遡ってルールの妥当性を考えさせることも目指しているからです[91]。現状では、法教育は普及途上ですから、大学における法学教育では、できるだけ早い段階で、ルールの背景にある価値あるいは原理・原則に遡った考察の重要性を学生が強く意識する——あるいは、単にどのような法（ルール）があるかを知識として身に

---

[90]　勉強するみなさんの目線からいえば、**法学習**とか法関連学習ということになると思います。同様に、後に続く本文も、「単にどのような法（ルール）があるかを知識として身につけるだけではなく、法（ルール）の背景にある価値の理解を深め、さらには原理・原則に遡ってルールの妥当性を検討することを目指す」ものと、言い換えることができます。

[91]　法教育に関する文献は、次第に充実しています。基本文献として、大村敦志・土井真一編著『法教育のめざすもの——その実践に向けて』（2009・商事法務）、手頃なものとしては、いずれも岩波ジュニア新書から、大村敦志『父と娘の法入門』（2005）、同『ルールはなぜあるのだろう　スポーツから法を考える』（2008）、東大大村ゼミ『ロースクール生と学ぶ　法ってどんなもの？』（2009）を挙げておきます。

つけるだけでは足りないことを自覚する——機会を、目に見える形で設けることが喫緊の課題と言えるでしょう。

　もちろん、従来の法学教育がこのような機会を設けてこなかったわけではありません。ルールが背後に背負っている価値そのものを考察することは、法理学（法哲学）が取り組んできたことです。また、実定法科目の講義では、「〇〇の制度趣旨は」とか、「この条文の立法趣旨は」という形で、ルールの背景にあるものへの注意が喚起されてきました。ただ、実定法科目の講義で扱われるルールの分量も膨大なものとなり、しかも法を知識として身につけることこそが法学の勉強と思い込んでいる——あるいは高校までの学習を通じでそう思い込まされている——学生にとっては、それを消化するだけで精一杯、しかも各種の資格試験等における法律科目の出題を見ても、法律知識を問う問題が圧倒的に多いので、慣れ親しんできた「詰め込み」で十分に対応できてしまう、といったあたりのようです。確かに、法の背景にある価値や原理・原則まで遡るというのは、一見すると随分と悠長なことに思われ、そんなことをやっている暇はない、ということなのかもしれません。しかしながら、昨今、法や制度の改正のスピードも昔より早くなり、詰め込んだだけの法知識は、ひとたび改正があると、何の役にも立たなくなり、新しい法や制度の詰め込みを、また一からやり直さなければならない、という危険があります。これに対して、ひとたび原理・原則まで遡るという手筋を身につけると、法を理解する速度が上がり、新しい法や制度への対応も楽にできるようになります。そのため、一見回り道に見えて、結果的に近道だったという感想を述べた学生がいたことも事実です。

第4節　新たなルールを考案することの重要性

　既存のルールの意味内容を探求し、それを具体的事件に適用して解決を導くという作業の先には、社会の動きをにらんで適時に適切なルールを「作る」にはどうすればよいか、という問題が控えています。法令の制定改廃が現にしばしば行われていることを考えれば、何はともあれ新しいルールを「作る」しくみが世の中に存在していることは分かると思います。そして、このしくみを研究対象とするのが、政治学や政策学といった分野です。法学部には、既存のルールを適用するプロセスを研究対象とする狭い意味での法学の授業科目だけでなく、新しいルールが作られるしくみを研究対象とする政治学や政策学の授業科目も開講されていますが、それは将来、実際にそのようなプロセスに関与す

る[92]）可能性のある学生にとっての基本的な素養となるからです。その意味で、みなさんが本書を手がかりにして、法学と政治学・政策学とのこんな接点についても、認識を深めていただければ幸いです。

　さらに、「社会あるところ法あり」といわれるように、人の集まるところには、その集団のルールが必ず存在する以上、このような認識にもとづいて学んだことは、会社、学校、町内会、同好会等々どこに行っても応用がききます。どのようなルールであれば、集団のメンバーが納得できるか、またそのようなルールをどのような手続で作るか、といったことにも関心を寄せていただければ幸いです。

---

[92]　国のレベルでは、行政官庁における政策の立案過程や、それを法律案に具体化して国会で審議する立法過程の問題として取り上げられるでしょうし、同様のことは、地方自治体が条例を制定する場合にも起こります。

第 2 部 判例読解の部

第1章 判例が分からない

　第2部では、判例というものの一般的な位置づけ、あるいはみなさんが法学を学ぶプロセスで判例を読む必要性、さらには実際に判例を読む前提として理解しておくべきことがらを説明し、みなさんが判例を素材とする法学の勉強に入りやすくすることを目指します。法学を学ぶみなさんは、判例を読みこなし、活用することが、学習のあらゆる段階を通じて要求されます。じっさい、教室での講義が法令（条文）の意味内容を単に文法的に説明するだけということはまずありえませんし、定期試験では判例を素材にした事例問題がしばしば出題されるほか、各種の資格試験等では、ある分野にどのような判例があるか、という知識を直接に問う問題や、判例の考え方を前提にすればどのような結論が導かれるかを問う問題が、普通に出題されます。

　ところで、みなさんは高校の公民（現代社会あるいは政治・経済）の時間あたりで、いくつかの著名な裁判事件に接する機会はあったかと思います。そこで、ここでも政治・経済教育研究会編『政治・経済用語集』（2014・山川出版社）に掲載されている判例を拾ってみましょう。例によって太字は、用語集では赤字になっている、教科書で出現頻度が高いものです。

表 2-1-1　政治・経済用語集に掲載されている裁判事件

旭川学力テスト事件、**朝日訴訟**、**足利事件**、尼崎公害訴訟、家永教科書訴訟、**『石に泳ぐ魚』事件**、**『宴のあと』事件**、梅田事件、浦和事件、エイズ薬害事件、**愛媛玉串料違憲訴訟**、**大阪空港公害訴訟**、**大津事件**、外務省公電漏洩事件、**共有林分割制限違憲訴訟**、婚外子差別違憲判決、**在外国民選挙権制限違憲判決**、**財田川事件**、島田事件、**砂川事件**、**尊属殺重罰規定違憲判決**、津地鎮祭訴訟、徳島ラジオ商事件、**長沼ナイキ基地訴訟**、**百里基地事件**、ポポロ事件、**堀木訴訟**、松山事件、**三菱樹脂事件**、**免田事件**、**薬事法距離制限違憲訴訟**、**郵便法損害賠償免除規定違憲判決**、吉田岩窟王事件

　法学を学ぶという視点でこれらを眺めた場合、実はこれらすべてが法学の世界でいう「判例」と呼べるものというわけでもありませんし、取り上げられる

第2部　判例読解の部

分野もやや偏りがあります[1]。法学を学ぶ上で判例を読むことは、高校までの段階で裁判事件に接することよりもはるか先を行く作業である、ということをまずは念頭においてください。

　とはいえ、往々にして大学の講義や演習は、みなさんがすでに判例の読み方を十分に分かっていることを前提にして開講されてきたフシがあります。そのため、担当の先生方が講義や演習でがんばって判例を取り上げても、みなさんにはその趣旨や意図が十分に伝わらない、みなさんの得るものが先生方の想定よりも少ない、といったことになっていた可能性があります。現実には、高校までの段階で判例の実物に接した人は、おそらく極めて稀でしょうから、法学を本格的に学ぼうとする上で、「当然の前提」あるいは「常識」として知っておくべき約束ごとを、できるだけ早い段階でみなさんに理解してもらう必要性は、法令（条文）の場合よりも、いっそう高いということができます。また、みなさんの側でそんな準備をしておくことで、講義や演習に参加することで得られるものも多くなるはずです。このようなわけで第2部は、講義で取り上げられた判例を読みこなした上で、判例研究の形で行われる実定法科目の演習（ゼミ）に参加する際に前提となる水準あたりまでの手引きとしてもらうことを念頭に置いていますので、これからみなさんが法学の勉強を進める中で、折に触れて読み返していただければ幸いです。なお、判例研究の形で行われる実定法科目の演習（ゼミ）に参加する際に前提となる水準を超える、判例読解の手引きについては、それぞれの法分野の特性をもふまえて考える必要がありますので、具体的なことは、演習（ゼミ）担当の先生方の指導に委ねます[2]。

---

[1] 有罪判決の確定した者に対する再審無罪事件と、最高裁判所の違憲判断が多くを占めています。いずれも、裁判事件として社会的には重要ですが、前者は判例としての価値はそれほど大きくありません。また、後者は法学の中でも特に憲法学を学ぶ場合には当然、検討することが求められますが、民事法・刑事法といった他の大部分の法分野を学ぶ際に判例を読むのとは、いささか手筋が異なります。なお、中高生を念頭において、おもに憲法判例を素材として作成された法教育のための教材として、法と市民をつなぐ弁護士の会編『裁判例を活用した法教育実践ガイドブック』（2014・民事法研究会）があります。

[2] 判例の読み方についての参考文献として、池田真朗編著『判例学習のAtoZ』（2010・有斐閣）が、各法分野に共通する事柄に加えて、民法・刑法・憲法の各分野の専門家による判例学習のための丁寧なアドバイスがなされており、一読に値します。そのほか、弥永真生『法律学習マニュアル（第3版）』（2009・有斐閣）122頁から131頁まで、160頁から199頁までは、題名だけを見るとハウ・ツーもののように映るかもしれませんが、要求している水準にはそれなりのものがあります。さらに、田髙寛貴・原田昌和・秋山靖浩『リーガル・リサーチ＆リポート』（2015・有斐閣）67頁から84頁まで、186頁から198頁までも参照に値します。中野次雄編『判例とその読み方（三訂版）』（2009・有斐閣）は、判例についてじっくり考えるうえでは必読の1冊であるとともに、巻頭の文献リストも利用価値が高いでしょう。

第2章 判例学習の基礎

　法令が、条文という簡単に目に見える形で接することのできるものであったのに比べると、判例はなかなか「つかみどころ」がないという印象を持つみなさんが少なくないと思います。そこで本章では、実定法学（法解釈学）を学ぶ際に共通の前提となる、判例についての基礎的な知識を説明しておきます。

第1節　そもそも「判例」とは何か？

　判例はまず、**裁判所の法的判断であり、類似事件を解決するための基準（裁判規範）**としての意味を持ちます。裁判所は、当事者が持ち込む事件について、法を適用して結論を導くという作業を行っていますが、判例の読解という場合に対象となるのは、この具体的事件に即した法適用の筋道そのものです。とはいえみなさんは、ひょっとするとこんな疑問をもつかもしれません。つまり、ある事件について裁判所がした判断は、しょせんその事件限りのことで、事件が別ならば解決の内容も違ってくる、ケースバイケースではないのか、そうだとすれば、その事件が解決してしまえばそれまでのことになり、済んでしまった事件のことを特に検討するまでもないのではないか、と。しかし、前にあった事件と類似の事件が裁判所に持ち込まれた場合に、解決の内容がまるで違ってよいとすると、それは裁判所が法的に同様な境遇にある人どうしを差別的に取り扱うのと同じことになり、平等原則に反する結果になると考えられます。このような考え方を基礎として、ある事件について裁判所がした法的判断は、裁判所が後に類似の事件を取り扱うことになった場合に、同様の判断をするように方向づけることになります[3]。このように、ある事件における裁判所の法的判断がその事件の中だけでなく、類似事件を解決するための基準（先例）としても意味を持ちますので、裁判所がどのような事件についてどのように法を適用して結論を導いたのかを検討することに意味があるわけです。

---

[3]　もちろんこのことは、類似事件を取り扱う裁判所が、先行する判断に拘束され、それに反する判断をすることは許されない、というのではありません。

第2部　判例読解の部

　判例は裁判所の中だけでなく、**社会生活を送る上での行動の基準（行為規範）**にもなります。わが国ではわれわれが社会生活を送るのに必要なルール（＝法）は、法令（条文）という形式で存在するのがふつうと認識されますが（成文法主義）[4]、われわれが社会生活を送るのに必要なルールは、条文に書いてあること「だけ」ではなく、例えば慣習のような条文の形式になっていない不文法も、社会に暮らしている人々がそれに依拠しよう、という認識を何となくでも共有しているのであれば、立派な社会生活を送るのに必要なルールと言えます（☞第1部第5章第2節）。判例も、類似の事件が持ち込まれれば裁判所は同様の判断をする可能性が高いわけですから、合理的な考えをする人ならば、判例と異なる独自のルールを持ち出すよりも、判例を前提にして社会生活を送ったほうが得策と考えるでしょう。このように、判例は裁判所の中だけでなく、社会生活を送る上での行動の基準（行為規範）にもなります。その意味で、実は法令（条文）に並び立つくらい重要と考えなければなりません[5]。

　このように、判例はその事件かぎりでない意味を持つからこそ、価値があるといえます。そうだとすると、およそ裁判所の下す判断すべてが判例になるわけではなく、あくまでそのうちで**先例的価値**のあるものだけが判例と呼ぶに値することになります。もっとも、最初のうちはどれが先例的価値のある判断なのかよく分からないのがふつうですから、みなさんとしては当面、判決文に現れるいろいろな判断が判決文全体の中でどのような意味を持っているのかを把握できるようになるところまでたどり着けるよう努力してください。それができるようになって初めて、先例的価値のある判断を見分けることができるようになります。

第2節　判例の社会的役割

　法令（条文）という成文法の形式で存在する法とは別に、判例法が存在することによって、それが社会的にはどのような役割を果たしているかを、少し考えてみましょう。

---

[4] これとは逆に、英米法の国々では、判例法主義を基調としています。判例法主義の下では、法は抽象的・一般的な命題の形式で存在するのは例外で、むしろ具体的事件の解決プロセスの形式で存在するのが原則になっています。
[5] したがってまた、判例法主義を基調とする英米法のもとでも、成文法が存在しないわけではありません。

第 2 章　判例学習の基礎

第 1 項　抽象的・一般的な成文法ルールの具体化・明確化

　法令（条文）というのは、ある 1 つの事案限りでしか使えないのでは意味がありませんから、さまざまな場面で適用されることを想定して、世の中に起こりそうな現象をある程度類型化し、抽象的・一般的に作られており、裁判所に持ち込まれた事件への適用を通じて、その意味内容が具体化・明確化されて行きます。当事者の持ち込む事件に直面した裁判所は、法を適用して結論を導き、事件に解決を与えますから、そこでは当然、その事件の中で実際に生じた現象が法の想定する類型に当てはまるかどうかが検討されます。そして、この検討の筋道は判決文の中に現れてきます。そうすると、みなさんは判決文を読み込むことによって、さまざまな場面で適用されることを想定して抽象的・一般的に作られた法令（条文）の意味内容が、裁判を通じてどのように具体化・明確化されているかを知ることができます。

第 2 項　成文法ルールの欠缺補充（判例による法創造）

　成文法のルールが、世の中のあらゆるルールを書きつくしているならよいですが、神様でもない人間が、将来起こりそうなあらゆる事件をあらかじめ想定しきって法令（条文）を作っておけるかといえば、とうていムリな話です。つまり、現にある法令（条文）の適用だけでは、解決ができないような事案が裁判所に持ち込まれないとも限りません。このように、事件を解決するための成文法ルールがない場合[6]に、適用すべき法令（条文）が存在しないからといって、裁判官が裁判を回避することは許されません。憲法 32 条は、裁判を受ける権利を保障していますから、裁判官には法を適用して裁判をする義務があるからです。そこで、このような場合によく引き合いに出されるのが、次の条文です。

> 裁判事務心得（明治 8 年太政官布告第 103 号）3 条
> 　民事ノ裁判ニ成文ナキモノハ習慣ニ依リ習慣ナキモノハ条理ヲ推考シテ裁判スヘシ

　つまり、よるべきルールがない場合は、最終的に「条理」に照らして判断するしかないというわけです。条理というのは物事の道理、筋道くらいの意味です。要するに、裁判官としては、条理に照らして自らよるべきルールを作り出

---

[6] このような場合のことを、「法の欠缺（けんけつ）」と言います。

し、それを適用して結論を出す必要があることになります。したがって、このような場合には、裁判を通じて新たなルールが形成されていくわけです（**判例による法創造**）[7]。

第3節 判例との付き合い方

本節では、いかにして判例を読むかを説明する前に、みなさんが法学を学ぶプロセスのなかで判例についてどの程度、知っておく必要があるのかについて、段階を分けて説明するとともに、判例を読む際の心構えをまとめておきます。

第1項 レベル1・知識として
〜どのような問題にどのような判例があるかを把握する〜

すでに説明したように、判例には法令（条文）に並び立つくらいの意味があります。したがって、法学を学ぶみなさんとしては、ある問題についてどのような判例があるのかをおおよそは把握しておかなければお話になりません。ちょうど、法令（条文）について、ある法令のどのあたりにだいたいどのような内容の条文があるのかを把握し、必要とあればそれをすばやく頭に浮かべることができなければならないのと同じことです。このレベルの勉強のためにもっとも便利なツールは、**判例付六法**です。何しろ、条文ごとに関連する判例（先例的価値のある判断）の要旨が簡潔な法命題の形で引用されていますから、条文を読むのとあわせて、その条文に関連してどんな判例があるのかを把握することもできます。こんな便利なものはありません。

ただし、六法に載っている法令がすべての法令を網羅しているわけではないのと同じく、**判例付六法もあらゆる判例を網羅しているわけではない**ことと、そこでまとめられている要旨は、あくまで六法編集者の主観でまとめられていることに注意する必要があります。さらに、数多くの判例を掲載する必要上、それぞれの判例が示された具体的事件の中身はほとんど言及されていません。このように見ると、判例付六法は法学を学ぶ上で重要度の高い判例のインデックスのような役割を持つという意味で、判例を学習する最初の、そしてとても有効な手掛かりにはなりますが、ゆめゆめ、これだけで判例学習が完結するな

---

[7] なお、この点は引用した条文にもあるとおり、民事裁判に限ります。刑事裁判では、ある行為を処罰する法令の定めがない限り、犯罪は成立しませんので、無罪判決をすることになります（**罪刑法定主義**）。

どとは考えてはいけません。

第2項 レベル2・条文の抽象的文言の具体化
～事案に即して法令の意味内容を理解する～

　判例は具体的事件に法を適用した結果として得られる裁判所の判断ですから、判例を読むという場合も、どのような事件（事実関係）を前提として出されたものなのかを把握することが不可欠で、判決文に現れている抽象的な法命題を単純に覚えるだけでは意味がありません。それはちょうど、法令（条文）に関して、六法を丸暗記することは無意味である、というのと同じことです[8]。このレベルをクリアーするのに最も手っ取り早いツールは、通称、**判例百選シリーズ**といわれるものに代表される、教材用の判例集です。何しろ、法学を学ぶ上で重要と思われる判例を取り上げて、判例付六法の要約よりも詳しく判決の要旨が紹介されているだけでなく、その前提となっている事実もまとめられていますから、その内容に即して判決の要旨を読むことで、条文の意味内容の理解が進むこと請け合いでしょう。

　ただし、ここでは判例六法以上に取り上げられる判例の数が限られてきますから、**判例百選シリーズに載っていないが重要な判例がいくらでもある**ことに注意する必要があります。このような場合、別のツールを使って足りないところを補うしかありません。また、判決の要旨や事実関係のまとめが、あくまで執筆者の主観で書かれていることにも注意する必要があります。この意味で、判例百選シリーズも、判例学習の通過点であることはまちがいないのですが、これだけで判例学習が完結することにはなりません。

第3項 レベル3・体系的位置づけ
～その法分野における当該判例の位置づけを考える～

　その判例で取り上げられている法律問題が何であるかをはっきりさせた上で、

---

[8] 例えば、民法177条によれば、不動産物権の取得・喪失・変更は、登記をしなければ「第三者」に対抗できない、と定めていますが、この「第三者」はおよそすべての第三者を含むものではなく、登記がないことを主張するのに正当な利益を有する第三者に限られる、という解釈が、明治41年の判例によって提示され、その後、確立したものになっています。したがってこれによれば、例えば土地の所有者が不法占拠者を退去させようとする場合に、不法占拠者の側から、土地の所有者に登記がないことを理由にして退去を拒むことはできない、ということになります。

第2部　判例読解の部

その法律問題が法理論上、どこに位置づけられる可能性があるかを検討しておく必要があります。比喩的に言えば、教科書の抽象的な叙述に判例をはめ込んで行くような感じです。法学部で実定法分野の講義科目を受講する場合は、授業の進行に応じて、ここまでのレベルの勉強を自主的かつ日常的にやっておくことが最低限要求されていると思ってください。そのための近道は、教科書や参考書を参照しながら、判例百選シリーズなどを解説まで含めて読むことでしょう。そこでは、その判例だけでなく関連する判例や学説の整理もなされていますから、以下のレベルにもつながる、勉強の貴重な手がかりになります。

ただし、判例百選シリーズの解説もあくまで執筆者の主観で書かれていますから、そこに書いてある理解は、ひとつの可能性ではあっても、唯一のものとは言えないことに注意する必要があります。

第4項　レベル4・判例の射程の明確化
　　　～当該判例と他の判例との整合性を考える～

判例学習のゴールは、その判例で示されている裁判所の判断が、類似の事案にどこまで適用されるかを考えるとともに、他の判例さらには法令との相互関係を矛盾なく説明できるかどうかを検証して、全体としてどのような法理が成り立つかを見つけ出し、さらにはその法理に問題がないかどうかを検討することにあります。判例はばらばらに存在するのではなくて、他の判例、ひいては法令とあいまって、全体としてひとつのまとまりをなしています。そうすると、新たな判例が過去の判例との関係でどのように位置づけられるか、将来起こりそうな類似の事案に対してどこまでの先例的意味を持つかといったことを明らかにするのは、社会に妥当するルールの意味内容を明確にしておくという点で重要な意味があります。

このあたりになってくると、判例の前提となる事実関係と、法令の解釈・適用との両面にわたる、詳細な検討が不可欠になりますので、判決の原文をもとにして他人が書いてくれた、判例百選シリーズのような、いわゆる二次資料を読みこむだけでは不十分です。みなさんは、自力で一次資料である判例集・判例雑誌を手に取って、判決の原文を読み解き、さらにはある特定の判例だけでなく、それまでに公表されている関連判例、さらには同じ問題を扱っている各種の研究成果を収集、分析するという、非常に地道な作業を積み上げるしかありません。実定法科目の演習で判例が取り上げられる場合、それはこのような

第2章 判例学習の基礎

作業を毎回続けることを意味します。そうすると、演習が開講される前の段階で、**判例の原文やその評釈といった、判例研究をするための基本資料を検索・収集するスキルを身につけておく**ことが当然、期待されていることになります。それを前提として、講義科目で期待される水準を超えたレベルでの判例とのお付き合いをすることになります。

なお、この作業を通じてもうひとつ、**自分の頭の中にある法的な知識を手掛かりにして、自分が必要とする情報を抽出・整理するトレーニングを積む**ということを意識する必要があります。みなさんが、実際に法を使って社会に起こっている問題を解決しなければならない場面に直面した場合、みなさんに与えられるのは法的に整理されていない生の事実群だけであり、そこから法的な観点に立って必要と見られる情報（事実）を抽出・整理し（逆に言えば、法的に重要でない情報を削ぎ落とし）、それに法を適用して解決案を導く、というのが基本的な作業です。そして、実定法科目の勉強の多くを占めるのは、様々な実定法ルールが適用されるべき場面に応じて、手を変え、品を変えしながら、このトレーニングを繰り返し、繰り返し実践することです。判例を読むことは、このトレーニングのための格好の手段ということができます[9]。

第5項 心構え

判例学習に限らず、「規範の学」である法解釈学を学ぶ際には、**「抽象化・一般化」と「具体化・個別化」との間を繰り返し往復する**というのが基本的な心構えのひとつであると思います。法学を学ぶみなさんは、一方で、規範（ルール）の適用される具体的場面を想定し、他方では具体的事件の側から、その解決のために適用されるべき規範（ルール）を頭に浮かべる、というトレーニングを普段から不断に実践するだけの覚悟を決めなければなりません。率直に言って、初めのうち、このトレーニングの実践は相当に苦痛に感じると思いますが、それは大方、みなさんがまだ前提となる法的知識を十分に持っていないからにすぎません。法的知識の基礎のないままに具体的事件を眺めると、恐らく法的な意味の分からない単なるできごととしか映らないでしょうから。したが

---

[9] 判例百選シリーズをはじめとする他人が生の資料を加工して作った教材は、情報の整理の手間暇をかけるまでもなく、すでに情報が整理されているため、このようなトレーニングのためには往々にして、かなり物足りないか、あるいは不向きです。また、このトレーニングだけに特化するのであれば、教科書や判例百選シリーズに掲載されているような、著名な最高裁判例を読むよりもむしろ、事実関係が詳細にまとめられている下級裁判所の裁判例を読む方が有益かもしれません。

第 2 部　判例読解の部

って、並行して法的知識を自分の頭の中で整理していけば、次第に先が見えてくるはずです。

　他方、トレーニングの実践は法的知識を全部（あるいは相当程度）入れてからにしよう、などと考えるのもいけません。法的知識というのは、法学という学問の長い歴史を背景として、ほぼ「底無し」ですから、それはこれからする法学の勉強を、使えない知識を溜めこむ終わりなき苦行の連続に、みなさん自身の手で貶めることを意味します[10]。したがって、本当の「初歩の初歩」の段階はともかくとして、知識を使うトレーニングを同時並行的に繰り返し行うことによって、**法的な問題解決の手筋を身につける**ことを意識してください。

　そんな面倒なこと、自分にはとても耐えられない、と考える人もあるかと思います。すでにこの時点で法学を学ぶ道のりの長さにうんざりした人もいるかもしれません。しかし、実際にやる前からムリだと決めてかかるのではなくて、この先の説明を読みながら、とにかくまずは、第一歩を踏み出してください。その上で、どうも自分にはなじめないと思ったなら、そのときは、法学の世界でムリに苦行を重ねるよりは、専攻替えを検討することをお勧めします。

---

[10]　ちょっとの我慢が足りなかったために、このイメージだけで法学が嫌いになってしまった学生を見ると、心が痛みます。

第3章 判例の読解――基本編

　この章ではおもに、みなさんが実定法の講義科目の授業に参加しながら、判例百選シリーズ等[11]の教材を使って判例を勉強する場面を想定して、講義の進行に応じて、講義で取り上げられた問題の理解を深めるためには、どのような判例の読み方をすればよいか、その具体的な方法の一例を説明します。あくまで、「一例」にすぎませんので、ここに書いてあること自体をなぞるだけでは、あまり「ご利益」はありません。みなさんは、その先さらに、本書で説明している手法を自分なりに応用して、少しでも多くの判例と自ら向き合い、理解するとともに、それを鵜呑みにすることなく、常に問題意識を持つことを心がけてください。また、ここで提示する方法が判例百選シリーズの唯一の利用法というわけでもありません。むしろ、勉強の深まりに応じて、様々な利用法を自分で考え、開拓することが強く期待されていると考えてください。

　なお、以下の説明をもとにして、みなさんが実際に判例の読み解きを進めるにあたっては、教科書や判例百選等の文献の字面を単に目で追いかけるだけでは十分ではありません。実際に図面を書いたり、要約を作ったりといった、手作業が要求されます。このような手作業の成果を、講義時間中にとったメモと一緒に集約・整理し、みなさんが各自でノートを作るのが、理解を定着させる上で非常に望ましいでしょう[12]。

第1節　判例との出会い

　まず、実定法の講義科目は何を目標として開講されるかを考えてみますと、おそらくは次のようなことが考えられるでしょう。

---

[11]　先生方の中には、判例百選シリーズ以外の学習用の判例集をテキストあるいは参考書として指定する方もいらっしゃるでしょうが、この場合も以下のことは基本的に同じです。
[12]　この作業を手書きの形でするかは、キーボードを叩いて電子化する形でするかは、みなさんの好みによりますが、ただいずれにしても、この作業は自分でやることに意味があります。友達のノートを借りて勉強することでも、知識を身につけるという点ではある程度までは対応できるかもしれませんが、それだけでは勉強の手筋を体得するという点では全く不十分です。

第 2 部　判例読解の部

例 2-3-1 実定法の講義科目の目標の一例

① 　対象としている法分野の全体像（見取り図）を把握すること
② 　その法分野で用いられる基本的な法概念の意味内容を正確に理解すること
③ 　①②を前提に、具体的問題を解決する（＝法的に妥当な結論を筋道立てて導く）手法を習得すること

　このうち判例を学ぶことが意味を持ってくるのは、おそらく②あるいは③のあたりでしょう。つまり、②との関係で言えば、判例に現れた事件は基本的な法概念の意味内容の理解を助ける具体例を提供してくれます。また、③との関係で言えば、判例はまさに裁判所が具体的問題を解決したプロセスそのものですから、みなさんが自らそれを読み進めることは、このプロセスを追体験することを意味します。そのことを通じて、具体的問題の解決手法を体得することができるでしょう[13]。

　次に、講義において判例が取り上げられるといっても、それは何の前提もなく、ばらばらに取り上げられているわけではないはずです。おそらく多くの講義には別に教科書があるし、仮にそうでなくても、講義は担当教員の何らかの考慮のもとに順序だてて進行するはずです。講義の聞き手あるいは教科書の読み手であるみなさんとしても、講義の順序だて[14]、あるいは全体の流れに乗って、判例を参照し、読み進めることから始めるほうが効率的に決まっています。つまりみなさんとしては、**判例が取り上げられている文脈を把握すること**に留意してください。すなわち、やみくもに判例百選に手を伸ばすのではなくて、

---

[13] 　もっとも、③については、講義科目だけでこれを完全に習得することは不可能ですし、およそ期待もされていません。この追体験は、本格的には、例えば実定法科目の演習のようなところで繰り返し取り組むことになります。
　　このように言うと、講義科目が非常に中途半端なものに映るかもしれません。しかし、そのような認識は正しくありません。大学の講義は教員が 1 から 10 まですべてを教えるようなものではなく、あくまで**「勉強の手筋」**を伝授するものだからです。その意味ではさらに、③を演習科目において習得するという場合も、それが実定法科目の演習であれば基本的な手筋は同じであるということができますから、ある演習で習得した手法は、他の実定法分野について同様な勉強をする際にも十分に応用が利くものです。
[14] 　この「順序だて」あるいは種々の規範（ルール）を整理したものを**体系**と呼びます。実定法の先生方は、それぞれの専門分野に属するルールを、それぞれの方法で体系的に整理した「見取り図」を持っており、常にそれを念頭に置いて講義をしています。そしてこの見取り図は、みなさんに講義をするごとに、みなさんの理解度を見ながら、日々バージョンアップされて行くものです。なお、「体系」の理解という場合、①ある法分野内部における「体系」（例えば、民法における「パンデクテン体系」のような）と、②法分野横断的な「体系」（例えば、民法と民事訴訟法とがどういう関係に立ち、全体として法秩序をどのように形作っているか）、の双方を意識することが必要です。

第3章　判例の読解——基本編

まずは講義あるいは教科書で当該判例が引用されている前後の文脈をよく読んで、その判例が何を説明するために取り上げられているのかを、できる限り具体的に整理してください[15]。さらにその際には、当該判例に**関連する条文を、**単に何法の何条に関連する、というレベルではなく、少なくとも**何法の何条の○○○という文言の解釈に関連する**、というレベルくらいまで**特定しておく**べきでしょう。そこまですることでようやく、条文の抽象的な文言を、それが実際に使われる具体的場面と正確にリンクさせて理解することが可能になるからです。

第2節　判例の出典表示とその読み方

みなさんが判例に接する場合、判例集・判例雑誌を毎号頭から読んでいく、というようなことは普通しないでしょう。むしろ、教科書等の引用を手がかりにして判例を発見し、それが掲載されている媒体にアクセスする、というのが普通の流れだと思います。そこで以下では、教科書その他で判例を特定し、その出典を明示する場合の約束ごとを説明します。なお、**以下の約束ごとはみなさんが、**例えばレポートや論文を書く場合や、ゼミのレジュメを作る場合などに**判例の出典を表示するときにも、当てはまります**ので、参考にしてください。

例 2-3-2 判例の出典表示の例

第1項　裁判をした裁判所の表示（①）

わが国には、最高裁判所と、下級裁判所として高等裁判所、地方裁判所、家

---

[15] この、文脈の把握ということはそもそも、文章を読んで、あるいは人の話を聞いて理解しようとする場合に一般的に通用する心がけですから、特別に目新しいことを言っているわけではありません。みなさんにみぢかな例を挙げれば、現代文や英語の長文読解をするさいに、文脈を押さえずに内容を理解できる人はまずひとりもいないでしょう。法律の文章も、文章である以上、同じことです。

第 2 部　判例読解の部

庭裁判所、簡易裁判所の、合計 5 種類の裁判所があり、かつ下級裁判所は全国各地に多数設置されています。したがって、判例を特定する場合、どの裁判所がした裁判かを特定する必要があります。

(1)　最高裁判所（最高裁）

例 2-3-3　最高裁判所に関わる表示方法の例

> **最**：最高裁判所を示す。
> 　**大**：大法廷の裁判であることを示す。
> 　**一小**：第 1 小法廷の裁判であることを示す。

　最高裁判所は、全国にひとつしかありませんので、地名はつけません。また、第 1 から第 3 まで 3 つの小法廷がありますので、この例のように、それぞれ一小、二小、三小と表示して、区別することがありますが、どの小法廷で裁判されたかが重要でない場合には省略することもあります。

(2)　高等裁判所（高裁）

例 2-3-4　高等裁判所に関わる表示方法の例

> **東京高**：東京高等裁判所を示す。
> 　**名古屋高金沢支**：名古屋高裁金沢支部を示す。
> 　**知財高**：知財高裁を示す。

　高等裁判所は、全国に 8 庁（東京、大阪、名古屋、広島、福岡、仙台、札幌、高松）あり、すべて「地名＋高」で表示します。さらに管轄区域の広い高等裁判所の場合、利用者の利便性を考慮して、本庁から離れた土地に支部が置かれることがあり、現在のところ、名古屋高裁金沢支部のほか、広島高裁松江支部・岡山支部、福岡高裁宮崎支部・那覇支部、仙台高裁秋田支部の 6 つがあります。これらはすべて「本庁所在地名＋高＋支部所在地名＋支」で表示します。さらに、特殊なものとして、知的財産高等裁判所（知財高裁）があります。知財高裁は、東京高裁の「特別の支部」として設置され、他の高裁支部とは位置づけが異なりますので（知的財産高等裁判所設置法 2 条参照）、表示するときも、他の支部とは区別します。

(3) 地方裁判所（地裁）・家庭裁判所（家裁）

例 2-3-5 地方裁判所・家庭裁判所に関わる表示例

> **東京地**：東京地裁を示す。
> **東京家**：東京家裁を示す。
> 　**金沢地七尾支**：金沢地裁七尾支部を示す。
> 　**金沢家小松支**：金沢家裁小松支部を示す。

　地方裁判所と家庭裁判所は、いずれも全国に 50 庁（各都道府県庁所在地 47 か所と、函館、旭川、釧路）あり、すべて「地名＋地または家」で表示します。さらに、地裁と家裁にもしばしば支部が置かれ、「本庁所在地名＋地または家＋支部所在地名＋支」で表示します。

(4) 簡易裁判所（簡裁）

例 2-3-6 簡易裁判所に関わる表示例

> **東京簡**：東京簡裁を示す。

　簡裁は、全国に 438 庁あり、すべて「地名＋簡」で表示します。支部はありません。

(5) 日本国憲法施行前の裁判所の表示

例 2-3-7 日本国憲法施行前の裁判所に関わる表示例

> **大**：大審院を示す。
> 　**大連**：大審院連合部[16]を示す。
> **控**：控訴院[17]を示し、地名とともに表示する。

---

[16] 大審院における法令の解釈を統一するため、ある部（例えば民事第一部。最高裁判所とは異なり大審院には、現在の下級裁判所と同様、民事・刑事の複数の「部」が置かれ、総勢 50 名近くの判事がいました）において、審理の結果、以前に大審院のした判断と異なる結論になった場合に開かれ、民事連合部、刑事連合部、民事刑事の連合部の 3 種類がありました（旧裁判所構成法 49 条）。

[17] 裁判所構成法が施行された明治 23 年の時点で、全国に 7 ヶ所（東京、大阪、名古屋、広島、長崎、宮城、札幌）設置されていました。昭和 20 年 8 月 15 日には、新たに高松控訴院が設置され（それ以前は、大阪控訴院管内）、長崎控訴院が福岡に移転しています。なお、名古屋控訴院（大正 11 年建築）と札幌控訴院（大正 15 年建築）の建物は現存しており、現在、名古屋市市政資料館、札幌市資料館として公開され、司法関係の展示もあ

> **区**：区裁判所を示し、地名とともに表示する。
> **行**：行政裁判所[18]を示す。

　旧憲法のもとで下された裁判でも、判例としての価値を維持しているものが少なくありません。そのため、教科書等でも時々引用されます。大審院は、旧憲法下における最上級の司法裁判所です（旧裁判所構成法43条1項）。控訴院は、今日の高等裁判所に対応します。控訴院の下には現在と同様、地方裁判所がありました。区裁判所は、今日の簡易裁判所に相当します[19]。

第2項　裁判の種類の表示（②）

　裁判の種類などというと、不思議に聞こえるかもしれませんが、まず「裁判」という用語には、裁判所で行われる手続のプロセス全体を指す使い方と、裁判所あるいは裁判官がする判断を指す使い方の2つがあることに注意してください。ここでは、裁判という用語を後者の意味で使っています。そして、この意味の裁判には、裁判所がする判断と裁判官がする判断とがあり、そのうち裁判所がする判断には、大きく分けて**判決**と**決定**の2種類があります[20]。

(1)　判　決

例2-3-8　判決に関わる表示例

> **判**：終局判決を示す。
> **中間判**：中間判決を示す。

　判決は、原告の訴えや検察官による公訴、あるいは下級裁判所の判決を不服として上級裁判所に提起される控訴、上告に対応して、裁判所の応答としてなされる判断を指します。このような判決を終局判決といいます。これに対し中

ります。
[18] 行政裁判所は東京に1つだけ置かれていたので、地名はつけません。
[19] この他、旧外地（朝鮮、台湾、関東州、南樺太）の裁判所の裁判例もきわめて稀に参照されることがあります。例えば、旧朝鮮、台湾には、高等法院、覆審法院、地方法院の3審級の裁判所がありました。
[20] 裁判官が主体となる裁判を「命令」と呼びますが、命令が判例として現れることはまずありませんので、以下では省略します。なお、条文上、「命令」という用語が使われていても、裁判所がするものとされている限り、裁判の種類としてはあくまで「決定」に分類されます（例えば、民事執行法143条の差押「命令」）。

間判決は、民事訴訟において、訴えや控訴、上告に対する応答としてではなく、これらの申立てに対する応答をする上で前提問題として解決する必要のある事項について、裁判所が必要に応じてする判決をいいます（民事訴訟法245条参照）。

(2) 決　定

例2-3-9　決定に関わる表示例

> **決**：決定を示す。
> 　**審**：家庭裁判所の家事審判、少年審判を示す。

決定は、(1)の判決を求める各種の申立て以外の申立てに対する裁判所の応答として、または当事者の申立てを待たずに裁判所が職権でする判断です。なお、家庭裁判所の家事審判、少年審判は、性質上は決定に分類されますが、特にそれであることが分かるように、その旨の表示をします。

第3項　裁判がなされた年月日の表示（③）

現在のところ、元号表記（明治・大正・昭和・平成）が一般的です。

第4項　出典の表示（④）

裁判は日々大量に行われていますから、同じ日に同じ裁判所で同じ種類の裁判が複数の事件について別々になされることもあります。そうすると、①から③までの表示だけでは、判例を特定しきれていないことになります。そこで、判例は出典を表示して引用するのが常識となっています[21]。以下、網羅的なものではありませんが、教科書等で出典として表示される判例集・判例雑誌の主

---

[21] みなさんがレポートやゼミのレジュメ等を作るときにも、読み手が原典に容易にアクセスできるようにするため、また、みなさん自身が取り上げた判例の特定に困ることのないように、このようなクセをつけてください。なお、教科書等では、引用した判例が判例百選などのどこに載っているかについての情報が、編著者のサービスとして出ていることがありますので、みなさんの先輩には、出典の表示というと判例百選の該当頁あるいは事件番号だけを表示したレポートを作る人がたまにいます。しかし、これでは、「判決の原文も読まずに、他人が加工した資料を孫引きして書いた中身のないレポート」と評価されてしまいます。

第 2 部　判例読解の部

要なものについて、その略語を紹介しておきましょう[22]。

(1)　公式の判例集

例 2-3-10　公式の判例集の表示例

| **民集**：最高裁判所民事判例集、大審院民事判例集　**民録**：大審院民事判決録 |
| **刑集**：最高裁判所刑事判例集、大審院刑事判例集　**刑録**：大審院刑事判決録 |

　民集、刑集とも、慣用的に最高裁時代のものは、巻・号・頁を、大審院時代のものは、巻・頁を引用します。なお、1巻は1年で、1号は1か月でそれぞれ完結し、頁は1年の初めから通し番号で付されるものと、号ごとに付されるものがありますが、引用するときは通し番号の方が用います。民録、刑録は、大審院の民集、刑集の前身にあたります。この時代のものは、巻ではなく、輯（「しゅう」。意味としては「集」と同じです）・頁を引用します。

(2)　おもな判例雑誌

例 2-3-11　おもな判例雑誌の表示例

| **判時**：判例時報　**判タ**：判例タイムズ　**金判**：金融・商事判例 |

　これらは、号・頁で引用します。

第 3 節　判例百選シリーズの読み方

　そこで次に、実際に判例百選シリーズを手に取ってみましょう。ここでは例として、潮見佳男・道垣内弘人編『民法判例百選Ⅰ総則・物権（第 7 版）』（2015年）14 頁［熊谷士郎執筆］を掲げます。

図 2-3-1　判例百選の表題部の例

6　後見人の追認拒絶（～見出し）

最高裁平成 6 年 9 月 13 日第三小法廷判決（～裁判年月日、裁判所の表示）

---

[22]　見慣れない略語が現れたときは、手近なところで判例百選シリーズの巻末の略語表を参照するとよいでしょう。

第3章　判例の読解——基本編

> （平成 4 年（オ）第 1694 号①：損害賠償請求事件② ）（〜事件番号・事件名）
> （民集 23 巻 10 号 1894 頁、家月 22 巻 3 号 57 頁、判時 577 号 67 頁）（〜出典）

　判例百選シリーズは、原則として 1 つの判例を見開き 2 ページで取り上げており、標題の下に、事実の概要、判旨、解説、参考文献という順番で掲載されています。裁判年月日、裁判所の表示、出典は、前節で説明したので、以下では、事件番号と事件名について簡単に説明してから、事実の概要以下の読み方を説明します。

第 1 項　事件番号（①）

　事件番号は、裁判所が受理する事件を区分して、種類ごとに毎年、第 1 号から付される番号です。具体的な内容は、最高裁の規程（民事事件記録符号規程、刑事事件記録符号規程、行政事件記録符号規程、家庭事件記録符号規程）に定められています[23]。上の例では、（オ）というのがついていますが、これは民事上告事件を表す符号です。そして、全体としては、最高裁が平成 4 年に受理した 1694 番目の民事上告事件であることを示しています[24]。このように、裁判所に持ち込まれる事件で同じ事件番号のものは 1 つだけですので、裁判記録の原本を検索するような場合には好都合なのですが、みなさんが普通、判例に接する媒体は判例集や判例雑誌ですから、裁判の年月日・出典を表示しているわけです。

第 2 項　事件名（②）

　事件名は、その事件が何を請求する事件か、あるいはどのような犯罪についての事件かを、当事者あるいは検察官の申立てに即して表示します。例えば、民事訴訟であれば、損害賠償請求事件、離婚請求事件、所有権確認請求事件と

---

[23] 事件番号の読み方の主要なものは、判例百選にしばしば「事件記録符号」として掲載されますが、本文に挙げた、民法判例百選 I 総則・物権（第 7 版）には、残念ながら掲載されていませんので、他の判例百選をめくってみてください。ページ数が余った場合の「サービス」のような位置づけなのかもしれません。
[24] このように、事件番号は事件が受理された時点で付されますから、裁判がなされた年月日と引き比べると、その裁判所に事件が持ち込まれてから、事件がその裁判所で決着するまでにどのくらいの時間を要したかを、おおよそ把握することができます。本文に出てきた最高裁の判例で言えば、事件番号は平成 4 年に付され、平成 6 年 9 月 13 日に判決がなされているわけですから、事件が最高裁判所に持ち込まれてから判決に至るまでにだいたい 2 年程度かかったことが分かります。

いった表示になりますし、刑事訴訟であれば、殺人被告事件、銃砲刀剣類所持等取締法違反被告事件といった表示になります。これとは別に、裁判所の外で通称として用いられる事件名もあります。これはさまざまな意味で著名な事件に、特に名前がつけられるようになったものですので、法学を学ぶ上で重要なものも少なくありません。もしみなさんが、事件名だけで何が問題となったケースで、裁判所がどのような判断をしたかを具体的に思い浮かべることができれば、かなり勉強が進んでいることになります。

例 2-3-12 通称事件名つき判例の一例

朝日訴訟　「宴のあと」事件　砂川事件　免田事件　カフェー丸玉事件　たぬきむじな事件　宇奈月温泉事件　富喜丸事件　大学湯事件　残念残念事件　秋北バス事件　三菱樹脂事件　阪神電鉄事件

　中には、高校の公民の時間に登場しているものもあると思いますが、中身に深く立ち入って検討することは、各法分野の講義・演習に委ねます[25]。

～練習問題 5～

例 2-3-12 の各事件について、事件番号、裁判の年月日、裁判所名、正式の事件名及び出典を調べてください。

第 3 項　事実の概要

　この部分は、判例百選の執筆者が判例の原文をもとにして、事実関係を要約したものです。読み手のみなさんとしては、**事件のながれ**を正確に読み取って整理することが必要です。事件のながれというのは、事件が裁判所に持ち込まれるまでの事実の動きと、その後の裁判所における手続の経過を指します。事件のながれを読み取って整理するというと、ものすごく難しく聞こえるかもしれませんが、何も特別なことではありません。要は、みなさんが自分の身の回りの外界に起こっている現象を観察して、それを認識するにあたって、日常的に特に意識しなくても普通にやっていることと全く同じで、あえて言えば注意深さの程度が少し上がるだけです。具体的な手筋としては、いろいろなところでよく出てくる、以下のいわゆる「5W1H」を指標にすればよいわけです。

---

[25] 労働法や経済法の分野では、ほとんどの事件に通称名がつけられています。

表 2-3-1 事件の流れを整理するためのいわゆる 5W1H

What（何）	どういう事実が起こったのかを特定することは常に必要です。
When（いつ）	法律の世界では事実同士の先後関係がしばしば問題になります。
Who（だれ）	その事実に関わった人。身分・資格により結論が変わることもあります。
Where（どこで）	事実が起こった場所が法的に意味を持つ場合も少なくありません。
Why（なぜ）	その事実の原因あるいは人の活動の動機などを指します。
How（どのように）	事実の起こりよう、人の活動の態様などを指します。

なお、「事実の概要」をいくら読んでも、これらがすべて把握できるとは限りません。判例百選の執筆者は、その判例の事実関係のうち、解説を書く上で意味のある事実を中心に事実の概要をまとめているはずだからです。実際問題として、すべての事案において 5W1H すべてが常に意味を持っているわけでもないですから、当面は、最初に把握しておいた当該判例が取り上げられる文脈を念頭において、「事実の概要」の記述から読み取れることに限定して整理すればよく[26]、むしろ**ありもしない出来事を追加しない**ように注意しましょう。

事実関係を整理する際にはしばしば、**関係者の権利義務関係の図を書くこと**と、**事実を時系列に列挙していくこと**の2つが行われます。法学の授業中には、先生が黒板に事例を説明する図を書くこともありますし、最近では、事例を図面入りで説明するビジュアルなテキストもたくさん発売されています。しかし、試験場で事例問題が出題されたときなどは、自分で作図するしかありませんから、日頃から分かりやすい図を書くことに慣れておいてください。その際に注意することを若干、挙げてみます。

まず、事件関係人はたいがい、符丁に変えて表示されています。この符丁については、当面は「事実の概要」で執筆者が用いている符丁をそのまま用いると混乱せずに済むでしょう。特に表示法について確立したルールがあるわけではありませんが、民事法を念頭に置いた一例を挙げるとすれば、以下のようになります。

---

[26] くどいようですが、法学を修めたと言えるには、種々雑多な事実群から法的に意味のある事実を抽出・整理できるようになることが必要です。ここでやることは、そのためのごく初歩的なトレーニングと考えてください。

表 2-3-2 事件関係人の符丁のつけ方の例

- 原告を X、被告を Y と表示するのが基本となります。
- 原告または被告が複数の場合は、X1、X2…、Y1、Y2…のように表示します。これらの複数の人を一括して表示したいときは、X ら、Y らのように表示します。
- 訴訟手続に関与していないが事件に関係する人は、訴外 A、B、C…のように表示します[27]。
- 関係人の性別が問題になる場合は、A 男、B 女[28] のように表示します。
- すでに死亡している人は、亡 A[29] などと表示します。
- 例えば、被告である Y が控訴、上告をすると、Y が控訴人、上告人、X が被控訴人、被上告人となるように、手続上の役割が入れ替わりますが、符丁は変更しません。

次に、権利義務関係は権利者から義務者(原告から被告)に向けての矢印で表示します。したがって、例えば、X が Y に金 200 万円を貸したという場合、X が Y に金 200 万円の貸金債権という権利を有し、Y は X に金 200 万円の貸金返還義務を負っているわけですから、こんな感じになります。

図 2-3-2 権利義務関係を表す矢印の例

貸金債権(200 万円)

なお、図面は演習の報告レジュメのような他人の目に触れるものでない限り、あくまで自分自身の理解を助けるために作るものです。美術の時間ではありませんから、図面作りにあまり凝りすぎないようにしてください。

第 4 項　判旨の読み方

判例百選を使って勉強をする段階では、裁判所が裁判の基礎とした事実を所

---

[27] なお、裁判と無関係に、当事者間の権利義務関係を説明する場合(実体法の講義ではその方が多いでしょう)、あるいは権利義務関係を問題にすることのない、刑事事件の場合は、登場人物を表す符丁は A、B、C…が使われることも多いようです。また、少し昔の判例を読むと、甲、乙、丙…が用いられていることもあります。

[28] 「A おとこ」「B おんな」ではなくて、「A だん」「B じょ」と読むのがふつうです。

[29] 「なき A」ではなくて、「ぼう A」と読むのがふつうです。なお、相続が問題になる場合、例えば B が亡くなり、A が相続人になっているときを考えると、「A 先代(せんだい)B」という言い方をすることもあります。

与の前提として、それに対する法令の解釈適用がどのようになっているかを考えれば十分です。しかも裁判所が裁判の基礎とした事実は、判例百選の執筆者が要約してくれていますし、読み手のみなさんはみなさんでそれを整理しつつあるわけですから、ここで注目すべきところは、**判例が定立した法令の解釈・適用についての一般命題**と、**定立された一般命題の事案への当てはめのプロセス**、ということになります。この 2 つが、「判旨」のところを読解する際の、視点となるわけです[30]。

なお、古くから判決文は、悪文の典型例と言われてきたほどに[31]、日本語としては決して一般受けしない文体・用語で書かれているものが少なくありません。しかし、裁判所法 74 条に「裁判所では、日本語を用いる。」とあるように、少なくとも見ず知らずの外国語で書いてあるわけでもなく、日本語で書いてあることには変わりがありません。したがって基本的な手筋は、高校の現代文の時間にやってきた、長文読解と同じ作業であると考えて差し支えありません。というよりも、法学独特の用語法や言い回しに慣れさえすれば、文章の意味内容は正確に理解できて当然です。法学を学ぶみなさんとしては、法学独特の用語法や言い回しに慣れるために、面倒がらずに判決文と正面から向き合う覚悟を決めてください。この覚悟なしに、ななめ読みをいくら繰り返してみても、それはかえって時間のムダ、それどころか中途半端に「理解したつもり」になってしまうと、より深い、正確な理解を妨げることにもなりかねません。

第 5 項　解説と参考文献欄の使い方

判例百選の解説を教科書の記述の補充として活用することは大変よい勉強になるでしょう。しかし、そのことと判例を読むこと自体とは直接には関係のないことで、解説を読むだけで「判例を読んだつもり」になるのは大きな問題です。その意味で、第 1 項から第 2 項までで説明した作業を飛ばして、いきなり解説に飛びつくのはあまり好ましいことではありません。ただ、ここまでの作業をスムーズに進める補助手段として随時参照することはいっこうに差し支えないです。

---

[30]　訴訟法のように、裁判所による事実認定のプロセスそれ自体を問題にする場面を学ぶ場合は別です。

[31]　文章読本の類としては古典のひとつに属する、岩淵悦太郎編著『第三版　悪文』（1979・日本評論社）75 頁以下【宮地裕】では、裁判の判決文が「悪文のチャンピオン」とまで酷評されています。

また、ここまでの作業の次の段階としては、その判例の理論的な位置づけ、その判例に対する学説の評価、他の判例との関係といったことの検討が待っています。その際に、みなさんにとって最初の手がかりのひとつとなるのが、この解説であると言ってよいでしょう。本格的にはそれは、実定法科目の演習の場で行われることになりますが、実定法科目の演習に所属することを考えているみなさんが、授業時間外の自習として、このような作業を実践してみることは、演習が始まった後の学習効率を顕著に高めることができます。

なお、授業中にあるテーマについてレポートが課されることがあります。実定法科目の講義の場合、判例で問題となった事項がレポートのテーマになることが少なくないですから、もしレポートのテーマとなった事項を取り扱った判例が見つかり、しかもそれが判例百選に載っているものであるとすれば、解説は、レポートを書くための重要な手がかりになります。もっとも、このように言うと、判例百選の解説その他の参考文献の記述を適当につなげればレポートになると考える人が必ず出てきますが、この点は根本的に認識を改めた方がいいです。この種のレポートで問われるのは、解説の要約の上手い下手でもなければ、写経のように文献を一語一句違えずに書き写せるかどうかではなく、提示されたテーマに関する議論の整理・分析の上手い下手なわけですから、少なくとも解説の中で引用されている文献あるいは参考文献として末尾に挙げられている文献を自力で検索・入手して読み込み、そこで議論されていることを整理してレポートに反映させることくらいは、合格水準に達するレポートを書くために最低限必要なことでしょう[32]。

第4節　判例集・判例雑誌との出会い

判例百選等に載っていない判例を参照するように求められた場合、あるいは

---

[32] みなさんは、高校までのうちは、教科書を筆頭にして参考文献の引用が一切ない本に触れることの方が多かったと思います。大学でも教科書として指定される本の多くは、参考文献が引用されておらず、一見したところ執筆者が一から考えて書いたように見えますが、法学を本当の意味で学びたければ、教科書というものの持つ意味と限界を十分に認識しておいた方がいいでしょう。つまり法学の教科書は、学問的な議論の前提となる事項をその法分野にはじめて触れるみなさんに説明するために、その法分野でだいたい一般的に受け入れられている話を客観的にまとめたものにすぎません。**教科書の記述はいわば、「言い古された、枯れた知識の集約・整理」でしかない**のです。したがって、教科書の記述を理解することは、その法分野を本当の意味で学ぶための、スタートラインにすぎません。ある記述の論拠として参照した文献を適時・適切に明らかにしないレポートが評価に値しないのと同じく、このような教科書にも、少なくとも学問的価値はほとんどありません。

第3章　判例の読解——基本編

判例百選等に載っている判例について、さらに詳しく検討することになった場合には、判例集・判例雑誌を読むことになります。本節では、判例集・判例雑誌について基本的な説明をし、その中身に関わることは、具体例に即して次章で説明します。

第1項　判例集・判例雑誌から得られる基本情報

判例集・判例雑誌に掲載されている判例は、裁判所がした裁判の原本をもとにして編集されています。さしあたり次の条文を見てください。

民事訴訟法252条
　判決の言渡しは、判決書の原本に基づいてする。
刑事訴訟規則53条本文
　裁判をするときは、裁判書を作らなければならない。

ここにいう判決書・裁判書[33]というのは、裁判所の判断が、それをするために作成される書面上に表示されたものを指します。したがって、厳密な意味で判例がどこに存在しているかと言われれば、判決書・裁判書の原本に表示されている[34]、ということになります。判例集・判例雑誌には、やはり編集者がいて、判決書・裁判書の原本をもとにして編集をしているわけです。もっとも、そうだからといって、これらの原本にいちいち当たることを求めるのは現実的ではありません[35]。そのため、みなさんは判例集・判例雑誌には、判決書・裁判書に表示されていることと違う内容が表示されていることはない、と信頼して、これに依拠することになります。そうすると判例集・判例雑誌の読み手であるみなさんとしては、判決書・裁判書から編集者がどのような約束で編集を

---

[33]　この言い方は、判決書、決定書、命令書の3つをひっくるめたものです。民事の決定書、命令書についても、判決書に準じますが、作成が要求されない場合もあります。
[34]　「原本」と類似の用語に、「謄本」（とうほん）「正本」があります。「原本」は、一定事項を表示するために確定的なものとして作られた文書で、法律上一定の場所に保存されています。「謄本」は、原本をもとにその内容を同一の文字・符号によって全部写したもので、原本の内容を証明するために作成されます。「正本」は、謄本の一種ですが、特にそれを作成する権限のある者が、原本に基づいて作成し、外部的には原本と同一の効力を与えられます。
[35]　裁判書を含む訴訟記録は、民事については裁判所書記官が保管します。そして、閲覧は誰でもでき、利害関係人はそれに加えて、謄写、正本・謄本・抄本の交付請求をすることができます（民事訴訟法91条1項、2項）。他方、刑事については、事件の終了後は検察官が裁判の執行を指揮する関係で、検察官が保管します。そして、閲覧のみすることができます（刑事訴訟法53条、刑事確定訴訟記録法）。

加えているのかを把握する必要があります。以下、この点を説明します。その際、具体例として、最高裁判所民事判例集42巻1号1頁を取り上げ、編集者サービスとして書かれていることを書きだしてみます[36]。

図 2-3-3 判例集の表題部の例

○　損害賠償請求事件（昭和60年（オ）第122号　　　　　破棄自判　～　①）
　　　　　　　　　同63年1月26日第3小法廷判決
【上　告　人】被控訴人　被告　永野恵章　代理人　大蔵敏彦
【被上告人】控　訴　人　原告　広原昌一　代理人　奥野兼宏　外2名　～　②
【第　1　審】静岡地方裁判所　昭和59年3月23日判決
【第　2　審】東京高等裁判所　昭和59年10月29日判決　　～　③
　　　　　　　　○　判示事項
訴えの提起が違法な行為となる場合
　　　　　　　　○　判決要旨
訴えの提起は、提訴者が当該訴訟において主張した権利又は法律関係が事実的、法律的根拠を欠くものである上、同人がそのことを知りながら又は通常人であれば容易にそのことを知り得たのにあえて提起したなど、裁判制度の趣旨目的に照らして著しく相当性を欠く場合に限り、相手方に対する違法な行為となる。　～　④
【参照】民法 709 条　故意又ハ過失ニ因リテ他人ノ権利ヲ侵害シタル者ハ之ニ因リテ生ジタル損害ヲ賠償スル責ニ任ス
　民訴法　第2編第1章　訴　～　⑤

第2項　裁判の結果（①）

　その裁判の結論がどのようであるかを簡潔に示す表示があります。この例は、最高裁が民事の上告審としてした判決ですから、上告人による上告（＝控訴審判決の破棄を求める申立て）を受け、これに対する応答としてなされています。刑事の上告審であれば、検察官または被告人、弁護人等による上告に対する応答として判決がなされます。そして、上告審の判決の種類は、民事と刑事それぞれについて、次のように整理されます。

---

[36] この判例の原文は縦組みです。平成13年1月から裁判文書がB5判縦書きからA4判横書きに統一されたのに伴って、判例集も横組みに変わりました。この点、判例雑誌は現在のところ、判例時報が縦組みを維持しているのに対し、判例タイムズ、金融・商事判例は横組みに変更されています。

表 2-3-3 民事上告審判決の種類

判決の種類	応答の結論の内容		説　　　明
本案判決	原判決破棄[37]	自判	・上告に理由ありとして、控訴審判決を破棄し、上告裁判所自ら控訴に対する応答をする場合[38]
		差戻し	・上告に理由ありとして、控訴審判決を破棄し、控訴裁判所に再度事件の審理をさせる場合
		移送	・事件を担当した第1審裁判所に管轄権がなかったことを理由として、管轄権を有する第1審裁判所に再度事件の審理をさせる場合
	上告棄却		・上告に理由がないとする場合
訴訟判決	上告却下		・上告が、上告の適法要件を欠くために、その当否を判断しない旨の判決

表 2-3-4 刑事上告審判決の種類

判決の種類	応答の結論の内容		説　　　明
実体判決	破棄の判決	自判	・上告に理由ありとして、控訴審判決を取消して、上告裁判所自ら訴えに対する応答をする場合
		差戻し	・上告に理由ありとして、控訴審判決を取消して、控訴裁判所又は第1審裁判所に再度事件の審理をさせる場合
		移送	・事件を担当した第1審裁判所に管轄権がなかったことを理由として、管轄権を有する第1審裁判所に再度事件の審理をさせる場合
	上告棄却の判決		・上告に理由がないとする場合

　民事事件における上告審判決は、大きく本案判決と訴訟判決の2種類に区別されます。本案判決は、上告の申立ての内容に立ち入って、理由があるかどう

---

[37] 破棄と取消しは原判決を失効させる点で、実質的に同じことを意味しますが、民事裁判の用語上、慣習的に、破棄は上告に対する応答に、取消しは控訴に対する応答に、という形で使い分けがされています。

[38] 上告裁判所が自ら控訴に対する応答をする場合において、控訴に理由があるときは、上告裁判所は、第1審判決を取消した上で、①訴えに対して自ら応答する、②事件を第1審裁判所に差戻す、の2つの可能性があり得ます。②は例えば、第1審が訴え却下判決をしたのに対して、原告が控訴を提起したが、控訴審も第1審の処置を肯定して控訴を棄却したので、さらに上告をしたところ、上告裁判所は、第1審の処置を違法とする場合です。なお、いずれの場合も、上告裁判所が自ら控訴の申立てに対する応答をしている点で、「自判」がされていることに変わりはありません。

かを判断するのに対し、訴訟判決は、上告に理由があるかどうかの判断に立ち入る前提となる要件をそなえていない上告を、理由があるかどうかに立ち入るまでもなく、排斥するものです。本案判決は、結論の内容に応じてさらに4種類に分けられます[39]。

　刑事事件では、上告の申立ての内容に立ち入って、理由があるかどうかを判断する実体判決が、結論の内容に応じて4種類に区別されます。これに対し、上告に理由があるかどうかを判断するのに必要な条件を欠くときは、決定で上告を棄却します。実際上、刑事上告事件の多くはこの形で終結しています。

第3項　当事者、代理人・弁護人の表示（②）

　民事裁判では、上告をした当事者を上告人、上告の相手方となった当事者を被上告人と呼びます。民事裁判では、当事者の呼び方が、第1審、控訴審、上告審の各審級で異なっており、しかも審級によって攻撃側の当事者と防御側の当事者が入れ替わることがしばしば起こります。今回の例では、原告が控訴をして控訴人となり、被告が控訴の相手方となって被控訴人となったところまではよいですが、その後、上告をして上告人となったのは被告（被控訴人）、上告の相手方となり被上告人となったのは原告（控訴人）ということになります。このような場合、それぞれの審級における当事者の立場を取り違えないように、特に慎重に読む必要があります[40]。判決文の原文は、判例百選とは異なり、当事者を符丁で表すことはしていませんので、判例集あるいは判例雑誌の表示が原文のままであるときは、読み手であるみなさんが符丁をつける必要があります。その際、審級によって符丁を入れ替えるとわけが分からなくなりますので、事件全体を通じて統一した方がよいでしょう。また、近時は個人情報保護の流れに応じて、当事者名を含む関係者名が、例えば甲野太郎、乙山花子、丙川一郎…のように、仮名で表示されることが多くなっています。このような場合、そのまま流用することでも構いませんが、漢字が並んでいると他の部分に溶け込んでしまって視覚的に判読しにくいという問題がありますので、みなさん自

---

[39]　なお、決定に対する不服申立てとして抗告がなされた場合において、これに対する応答として抗告裁判所がする決定に対し、さらに抗告（再抗告）が提起され、これに対してなされる応答、その他、控訴裁判所がした決定に対する抗告に対する応答も、これに準じて取り扱われます。

[40]　この点は、学生のみなさんだけでなく、著者のような法学の教員が試験問題を作るような場合にも強く自戒すべきことです。当事者を取り違えると話が全く通じなくなるからです。

身の手でアルファベットの符丁に置き換えた方が読みやすいかもしれません。なお、当事者本人に代わって民事訴訟を追行する人のことを代理人と呼びます[41]。

　刑事裁判の場合は、上告申立人が誰であるかが表示されますが、その相手方が誰であるかは、表示されません。刑事裁判では被告人が誰であるかが終始特定されていることが、最も大事なことであることを反映して、上告申立人の表示とは別に、被告人が表示されます。そして、被告人が上告申立人の場合は、「上告申立人　被告人」というのと「被告人　某」というのが両方記載されます。また、被告人に付されている弁護人も表示されます。

第4項　裁判の経過（③）

　事件が当該の裁判所に来るまでに、各審級の裁判所で、いつ裁判がなされたかが表示されます。判例集の場合、事件番号は表示されませんが、他方で第1審以来の裁判の判決文が後の方に掲載されています（次章を参照）。判例雑誌の場合は、標題部分に裁判の年月日とともに、事件番号が表示されているので、これを参考にして原裁判を検索することができます。また、判例雑誌の表題部に続けて囲み部分に付されている簡単な解説で、原裁判等に言及されることもあります。

第5項　判例集の判示事項、判決・決定要旨、判例雑誌の見出し（④）

　この部分は、判例集・判例雑誌の編集者が、判決文中、判例としての価値があると考えた事項あるいは、そのような事項について裁判所がした判断の概略をまとめたものです。検索の便宜を図るために、あくまで編集者の主観によって書かれたものですから、これが判例そのものでないことは言うまでもありません。

---

[41] 民事訴訟における代理人には、未成年者のように自力で有効な訴訟追行ができない人（訴訟無能力者といいます）が当事者となる場合に、その者に代わって訴訟を追行する法定代理人と、当事者本人または法定代理人から委任を受けて、これらの者に代わって訴訟を追行する訴訟代理人とがあります。訴訟代理人となることができるのは、原則として弁護士に限られます（54条1項本文、弁護士代理の原則）。このため、しばしば訴訟代理人を刑事訴訟の弁護人と混同する学生がいますが、民事訴訟では「弁護人」という用語は使用しませんから注意を要します。

第6項　参照条文（⑤）

　判例集あるいは判例雑誌の編集者が、判示事項に関連する条文を引用したものです。ただし、ここで引用されるのはあくまで、裁判の時点における現行法の条文です。その後に、法改正があったときは、対応する新しい条文を把握しておく必要があります。

第5節　具体的テーマに関連する判例の検索

　本書では、講義科目の教科書やレジュメで紹介されている判例の原文を探す場合のように、読むべき判例の年月日と出典が分かっていることを前提にした場面をおもに想定していますので、みなさんとしては、出典となっている媒体に直接にアクセスすればさしあたりは十分です。ここまで説明した出典の表示の読み方などを手がかりにして、実際に自分で判例を探す練習をして慣れることから始めてください。こればかりは、「畳の上の水練」をいくらやっても意味はありません。難しいことを考えずに、また必要に迫られていないなどと言わずに、チャレンジしてみてください。

　なお、ゼミ等での報告を準備するために、あるテーマについてどのような判例があるかを探す、という場合には、判例検索のための各種のツールを使いこなすことがぜひとも必要です。その使い方を説明する本もすでに数多くありますが、ゼミ等に参加することになった時点で、担当の先生の指導を受けてください。

第 4 章　判例の読解——応用編

第 1 節　最高裁の判決文を読む

それでは、実際の判決文からどのようなことが読みとれるかを、具体例に即して見ておきましょう。

第 1 項　破棄判決

ここでは、前章で形式的な部分のみ紹介した、最高裁判所昭和 63 年 1 月 26 日第 3 小法廷判決・民集 42 巻 1 号 1 頁を素材にします。以下は、この判決の主文及び理由の部分ですが、理由中では関係者を符丁で表現してあります。

例 2-4-1　最高裁判所昭和 63 年 1 月 26 日第三小法廷判決の主文

> 　　　　　○　主　　　文
> 原判決中上告人敗訴の部分を破棄する。
> 右部分につき、被上告人の控訴を棄却する。
> 控訴費用は及び上告費用は被上告人の負担とする。

この部分は、上告人の上告に対する応答の結論を示す部分で、事件関係人にとっては、判決の核心をなす部分です。なお、主文の第 3 項は訴訟費用の負担についての裁判ですが、民事訴訟の訴訟費用は原則として敗訴者の負担となり（民事訴訟法 61 条）、その原則どおりの判断がされていることが分かります。以上に対して、事件関係人ではなく、法学を学ぶみなさんの立場で判例を読むという場合、もちろん主文も重要ですが、主文で示される結論を導く筋道の方にむしろ注目する必要がありますから、次の理由の部分を読破することが一層重要になってきます。

そこで次に判決の理由部分を読んでみましょう。まずはおしまいまで一読してください。続いて、アンダーラインを引いて①〜⑤の数字を振ってある部分に注目してください。これらの部分については、引用の後ろに留意すべきことを順次説明をしていますから、これを参照しながら熟読してください。

第2部　判例読解の部

例2-4-2　最高裁判所昭和63年1月26日第三小法廷判決の理由

○ 理　　由

上告代理人大蔵敏彦の上告理由第3点について

一　原審の確定した事実関係の概要は、次のとおりである　①。

1　本件土地は、もとA社の所有であったが、同社が破産したため破産管財人の管理に属していたところ、Yは、昭和48年8月ころ破産管財人から右土地の処分を委ねられていたBを通じてこれを1億500万円で買い受けた。

2　Bは、Yの承諾のもとに、同年9月29日C社との間で、代金を1億0500万円とするが、坪当りの価格を5713円とし、後日実測のうえ精算するとの約定で本件土地につき売買契約を締結し、C社は同日手付金として金額9000万円の小切手をBに交付し、BはこれをYに交付した。

3　Bが自己の名で右売買契約をしたのは、本件土地にBを権利者とする所有権移転仮登記がされており、Bにおいて破産管財人との関係を慮って、そのようにすることを主張したためである。

4　Yは、翌30日BがC社に働きかけて本件土地の実測面積を実際よりも少なくし、その分の代金相当額を両者で折半しようとしているとの情報を得たので、Bとの間で本件土地の所有者がYである旨の覚書を取り交わすとともに、BをしてC社からの残代金受領のための委任状を差し入れさせたうえ、同年10月26日C社に対し、本件土地の所有者はYであるから残代金をYに支払って欲しい旨並びに所有者がYであることの証拠として右の覚書及び委任状の写を別便で送る旨を通知した。

5　C社は、売買の際Bから、測量士を知らないのでC社が知っていれば頼んで欲しい旨の申出を受け、Bの承諾のもとに、自らの名義で土地家屋調査士であるXに対して本件土地の測量を依頼した。

6　現地での測量は同年10月中旬に行われたが、現地に行ったのはB及びC社の代表者であるC'だけであったので、Xは、隣接地所有者の立会を求めて境界を確認してからでなければ測量できないと言って断ったが、Bから「測量図は取引の資料にするにすぎないので、取りあえず指示する測点に従って測量し、その中に食い込む形になる某所有の土地についてはその公簿面積を差し引くという方法で本件土地の面積を算出して欲しい。隣接地との境界は後日確定する。」といわれたので、Bの指示どおりに測量して、本件土地の面積を1万5191坪と算出し、同月25日ころC社に測量図及び面積計算書を交付した。

7　Yは、C社を通じて右測量図を入手したが、いくつかの疑問点があり、改めて独自に専門業者に依頼して測量してもらったところ、Xの測量結果よりも約720坪多かったため、昭和49年3、4月ころC社の事務所にY、X、C'ら関係者が参集した席上、

第4章　判例の読解——応用編

右測量を担当した業者をしてXの採った測量方法が当を得ていないことを説明させ、Xもその測量が前記の方法によったものであることを認めたので、C社に対しYの依頼した専門業者の測量結果に基づいて残代金の精算をするよう要求したが、C社はXの測量結果を盾にとってこれに応じようとしなかった。

8　そこで、Yは、昭和50年4月21日付内容証明郵便で、Xに測量を依頼したのはYであることを前提として、その測量結果に誤りがあったため損害を被ったことを理由に500万円の支払を請求したが、Xは、測量はC社の依頼に基づきBの指示に従って実施したもので、Yとの間には直接のかかわりがないことを理由に右請求を拒絶した。

9　なお、BとC社との間では、同年6月10日ころ両者が改めて依頼した別の業者による測量結果に基づき、Yには内密にして残代金を精算した。

10　<u>YはXがYの依頼に基づき本件土地の測量図を作成した際過小に測量したため、実際の面積より不足する分の土地代金544万5000円をもらえず同額の損害を被ったとして、Xに対して損害賠償を求める前訴を提起したが、Xに測量を依頼したのはC社であってYではないことを理由として、昭和55年7月18日Y敗訴の第一審判決が言い渡され、右判決は昭和57年9月14日Yの控訴取下により確定した</u>[42]。

11　Yは、前訴の提起当時、C社に対する本件土地の売主はBではなくYであり、Xに対する測量の依頼もC社を通じてYがしたものであると思っていたが、これはYが本件土地の実質上の所有者であったためである。

12　Xは、前訴の追行を弁護士に委任し、その報酬等として80万円を支払った。

二　<u>原審は、右事実関係のもとにおいて、Xの実施した測量結果により算出された本件土地の面積が実際のそれより少なかったからといって、YがXに対し、委任、請負等の契約上の責任はもとより、不法行為上の責任も問いえないことは明らかであり、Yが前訴において敗訴したことは当然のことであるとしたうえ、前訴の提起に先立ち、まず、Xに対し測量図等が何人のどのような指示に基づいて作成されたかについて事実の確認をすることが通常人の採るべき常識に即した措置というべきところ、Yが右のような措置を採っていれば、容易に測量図等が作成されるまでの経過事実を把握することができ、Xに対して損害賠償を請求することが本来筋違いであることを知りえたものというべきであるのに、Yは右の確認をすることなくいきなり前訴を提起したのであるから、前訴の提起はXに対する不法行為になるとし、YはXに対し、Xが前訴の追行を委任した弁護士に支払っ</u>

---

[42]　この部分まで読み進んだところで、「前訴」を「本件訴訟」と見てはいけません。この部分は未だ、「原審が適法に確定した事実」の一部に含まれています。ちなみに、前訴は原告・控訴人Y（本件訴訟の被告）から被告・被控訴人X（本件訴訟の原告）に対する、債務不履行に基づく金544万5000円の損害賠償請求であったこと、前訴第1審判決は請求棄却、第2審は控訴の取下げにより訴訟が終了したので、終局判決がなされなかったことと、控訴の取下げにより第1審判決が確定したことを読み取ることができます。

た報酬等相当の80万円を損害賠償として支払う義務がある旨判示している ②。
三　しかしながら、原審の右判断は是認することができない。その理由は、次のとおりである ③。

　　法的紛争の当事者が当該紛争の終局的解決を裁判所に求めうることは、法治国家の根幹にかかわる重要な事柄であるから、裁判を受ける権利は最大限尊重されなければならず、不法行為の成否を判断するにあたっては、いやしくも裁判制度の利用を不当に制限する結果とならないよう慎重な配慮が必要とされることは当然のことである。したがって、法的紛争の解決を求めて訴えを提起することは、原則として正当な行為であり、提訴者が敗訴の確定判決を受けたことのみによって、直ちに当該訴えの提起をもって違法ということはできないというべきである。一方、訴えを提起された者にとっては、応訴を強いられ、そのために、弁護士に訴訟追行を委任しその費用を支払うなど、経済的、精神的負担を余儀なくされるのであるから、応訴者に不当な負担を強いる結果を招くような訴えの提起は、違法とされることのあるのもやむをえないところである。

　　以上の観点からすると、民事訴訟を提起した者が敗訴の確定判決を受けた場合において、右訴えの提起が相手方に対する違法な行為といえるのは、当該訴訟において提訴者の主張した権利又は法律関係（以下「権利等」という。）が事実的、法律的根拠を欠くものであるうえ、提訴者が、そのことを知りながら又は通常人であれば容易にそのことを知りえたといえるのにあえて訴えを提起したなど、訴えの提起が裁判制度の趣旨目的に照らして著しく相当性を欠くと認められるときに限られるものと解するのが相当である。けだし、訴えを提起する際に、提訴者において、自己の主張しようとする権利等の事実的、法律的根拠につき、高度の調査、検討が要請されるものと解するならば、裁判制度の自由な利用が著しく阻害される結果となり妥当でないからである。

　　これを本件についてみるに ④、原審の確定した事実関係は前記のとおりであり、Yは、XがYの依頼に基づき本件土地の測量図を作成した際過小に測量したため、実際の面積より不足する分について土地代金をもらえず損害を被ったと主張し、Xに対して損害賠償を求める前訴を提起し、Xに実際に測量を依頼したのはC社であってYではないことを理由とする敗訴判決を受けたが、前訴提起の当時、C社に本件土地を売り渡したのはYで、Xに対する測量の依頼もC社を通じてYがしたことであって、Xの誤った測量により損害を被ったと考えていたところ、本件土地がYの買い受けたもので、Bは、破産管財人との関係を慮り、Yの承諾を得たうえ自己の名でこれをC社に売り渡す契約をしたのであり、しかも、右契約は精算のため後日測量することを前提としていたのであるから、実質上、BがYの代理人として売買契約及び測量依頼をしたものと考える余地もないではないこと、Yが、BにおいてC社に働きかけて本件土地の面積を実際の面積よりも少なくし、その分の代金相当額をC社と折半しようといているとの情報を得て、C社

第4章　判例の読解——応用編

> に対し、本件土地の所有者はYであるから残代金を支払って欲しい旨の通知をしていたのに、C社がXの測量結果を盾にとって精算に応じようとしなかったことなどの事情を考慮すると、YがXに対して損害賠償請求権を有しないことを知っていたということはできないのみならず、いまだ通常人であれば容易にそのことを知りえたともいえないので、Xに対して測量図等が何人のどのような依頼や指示に基づいて作成されたかという点につき更に事実を確認しなかったからといって、Yのした前訴の提起が裁判制度の趣旨目的に照らして著しく相当性を欠くものとはいえず、したがって、Xに対する違法な行為であるとはいえないから、Xに対する不法行為になるものではないというべきである。そうすると、原審の前記判断には法令の解釈適用を誤った違法があり、右違法が判決に影響を及ぼすことは明らかであるから、この点をいう論旨は理由があり、原判決中Y敗訴の部分は破棄を免れない。そして、原審の適法に確定した前記の事実関係及び右に説示したところによれば、Xの本訴請求は理由がないから、これを棄却した第一審判決は相当であり、Xの本件控訴は理由がないので棄却すべきである ⑤。
>
> よって、その余[43]の論旨[44]に対する判断を省略し、民訴法408条1号、396条、384条1項、96条、89条に従い、裁判官全員一致の意見で、主文のとおり判決する。
> （裁判長裁判官　長島　敦　裁判官　伊藤正己　裁判官　安岡満彦　裁判官　坂上壽夫）

(1) 原審の適法に確定した事実関係(①)

この判決文を書いたのは上告裁判所たる最高裁判所ですから、その中で**「原審」**という場合、控訴審を指します。したがってこれ以下、判決文中の1から12までは、控訴裁判所が適法に確定した事実を上告裁判所が要約した部分です。そして上告審は**法律審**ですから、上告裁判所は原則として、原審裁判所の確定した事実関係を前提にして、法令の解釈・適用に誤りがないかということだけを審査します（民事訴訟法321条1項）。

ここで法律審とその対義語である**事実審**という用語の区別について、説明しておきます。裁判は、いわゆる法的三段論法の形式をふんで理由づけられますから、裁判官は認定された事実に法令を適用して結論を導き、その結果を終局判決として宣言しています。したがって裁判官の仕事は大きく、**事実認定**と**法

---

[43] この語は、「そのあまり」ではなくて、「そのよ」と読みます。
[44] **論旨**ということばは、一般には議論や立論の要旨あるいは趣旨を指して用いられますが、判決文の中では、**上告理由として主張されていることの内容**を指します。なお、上告理由・控訴理由を記載した書面を、民事訴訟ではそのまま上告理由書、控訴理由書と呼ぶのに対して、刑事訴訟では上告趣意書、控訴趣意書と呼びます。

令の解釈・適用とに分かれます。そして、法律審では、裁判官は事実認定を改めてすることはせず、事実審の裁判所が適法に確定した事実関係を前提にして、それに対する法令の解釈・適用に誤りがなかったかを調べるだけになるのに対し、事実審では、裁判官は2つの作業を両方とも行います（したがって、事実審は「事実認定だけをする」というわけではありません）。

表 2-4-1 事実審と法律審の異同

	事実審	法律審
事実認定	行う	行わない（事実審の認定事実を前提とする）
法令の解釈適用	行う	行う

　このことを判例の読み手であるみなさんから見ると、今ここでやっている、上告審の判決を読むという場合には、上告裁判所が所与の前提としなければならない、事実審が適法に認定した事実がどのようなものであるかを整理する必要があるとともに、それで足りることになります。したがって、みなさんとしては、本件のように「原審の適法に確定した事実関係」というのが書いてある判例に出会ったときは、この部分を読むことによって、必要な事実関係の概要を容易に把握することができます。ただし、**この部分はあくまで、上告裁判所の手による「要約」であること、すべての判例でこのような要約がされているわけではないこと**、には注意する必要があります。

(2) 原審の判断の要約(②)

　(1)の事実を前提に、原審がした判断が要約され、本件の控訴審が、結論としてXを勝訴させたことと、その結論を導くためのロジックとが読み取れます。他方、この記述からは、第1審の判断がどうであったか、控訴審のした判決が第1審判決との関係でどのようなものであったかは、読み取れません。

(3) 上告裁判所の判断①～一般命題の定立(③)

　本件判決は、破棄判決ですから、上告裁判所としては控訴裁判所の判断が間違いであることを論証しなければなりません。判決文では、ここから先の部分でそれがなされていますから、本件判決で先例的価値のある一般命題を探すには、ここから先をよく読まなければなりません。そうすると例えば、こんな感

第 4 章　判例の読解——応用編

じになります。

例 2-4-3　本件判決の定立した一般命題の抽出例

> 訴えの提起は原則として正当な行為であるが、応訴者に不当な負担を強いる結果を招くような訴えの提起は、違法とされることがあるとしたうえ、提訴者が敗訴の確定判決を受けた場合に、訴えの提起が相手方に対する違法な行為といえるのは、訴えの提起が裁判制度の趣旨目的に照らして著しく相当性を欠くと認められるときに限る、とした。

(4)　上告裁判所の判断②〜一般命題の事件への当てはめ(④)

「これを本件について見るに」は、上告裁判所が前の段落までで定立した一般命題を、本件の具体的事実関係に適用する（当てはめる）部分の書き出しに使われる決まり文句のひとつです。

(5)　結論部分(⑤)

ここではまず、上告裁判所が原判決（＝原審である控訴審の裁判所がした判決）のうち、Y 敗訴部分を破棄しています。そして、X の控訴に対する応答としてなされた原判決が破棄されると、控訴に対する応答が消滅することになりますから、上告裁判所としては、自ら控訴に対して応答するか、事件を控訴裁判所に差戻すか、いずれかをする必要があります。本件では、最後の部分で上告裁判所自ら、控訴棄却の判断をしていることが分かります。さらにこの部分から、第 1 審判決は X の本訴請求を棄却したこと、控訴を提起したのが X であることも読み取ることができます。

第 2 項　上告棄却判決

民事事件の上告棄却判決のうち、原判決の結論とそこに至るまでの法令の解釈、適用プロセスのいずれにも誤りがない場合は、判決文自体は非常に簡略に終わることがあります。例を挙げますが、恐らくこれだけを読んでも、事件の内容を読み取ることはまず不可能でしょう。このような場合は、原審（控訴審）判決、さらに必要であれば、第 1 審判決にまでさかのぼって読む必要があります。

例 2-4-4 上告棄却判決の理由の例（最判昭和 57・3・26 判時 1041 号 66 頁）

> 「上告代理人鈴木悦郎、同山中善夫、同村岡啓一、同林裕司、同伊藤誠一、同森越清彦、同渡辺英一の上告理由について
> 　原審の適法に確定した事実関係のもとにおいて、本件離婚の届出が、法律上の婚姻関係を解消する意思の合致に基づいてされたものであって、本件離婚を無効とすることはできないとした原審の判断は、その説示に徴し、正当として是認することができ、その過程に所論の違法はない。論旨は、ひっきょう、独自の見解に基づいて原判決を論難するものにすぎず、採用することができない。
> 　よって、民訴法 401 条、95 条、89 条に従い、裁判官全員一致の意見で、主文のとおり判決する。」

　上告棄却判決でも、上告裁判所としてこれまでしたことのない、新しい法令解釈あるいは適用をするときには、破棄判決に準じて、詳細な判決文が書かれます。また、原判決の結論は誤りでないが、そこに至るまでの法令の解釈、適用プロセス、言い換えれば結論の理由づけに誤りがあることもあります。この場合も、破棄判決に準じて、その誤りを明らかにするための論述がされた上で、「…原判決の判断は、結論において正当である。論旨は、独自の見解に立って原判決を論難するものにすぎず、採用することができない。」という感じになります。

第 3 項　刑事上告事件の場合

　刑事の上告事件は、上告趣意を適法な上告理由にあたらないとして上告棄却の結論を導いた上で、「所論にかんがみ」[45] 職権で判断を追加する形式の裁判が、判決ではなく決定で示されるのが圧倒的多数です。このような場合、一見すると、追加された判断は余分なものに見えるかもしれません。しかし上告裁判所は、適法な上告理由がない場合でも、原判決を破棄しなければ著しく正義に反すると認められる場合は、破棄判決をすることができるとされていますので（刑事訴訟法 411 条）、「原判決を破棄しなければ著しく正義に反すると認められる」事由の有無を審理した結果、そのような事由はないという判断を示すものとして、決して余分なものではありません。

---

[45] **所論**というのは、ここでは上告趣意における主張を意味します。民事訴訟でも、上告理由における当事者の主張を指して、使われる言葉です。

第4項　その他の留意点

(1) 少数意見

　最高裁判所では、裁判書に各裁判官の意見が表示されます（裁判所法11条）。これは、最高裁の裁判官には、国民審査の制度（憲法79条2項から4項まで及び最高裁判所裁判官国民審査法）があり、そのための検討資料を提供するためと言われています。各裁判官の意見のうち、判決理由となっているもの、つまり多数意見のことを**法廷意見**といいます。これに対して、少数意見は、次の3つに区別され[46]、判決文の中では多数意見に続けて表示されます。

表 2-4-2　少数意見の種類

反対意見	ある論点につき法廷意見の結論に反対する意見
意　見	多数意見の結論に同調するが、理由づけを異にする意見
補足意見	多数意見に同調する裁判官が、さらに付加して自分の意見を述べるもの

例 2-4-5　少数意見の表示方法の例

例1　反対意見を表示する場合
　よって、裁判官某の反対意見があるほか、裁判官全員一致の意見で主文のとおり判決する。
　裁判官某の反対意見は次のとおりである。
例2　補足意見を表示する場合
　よって、裁判官全員一致の意見で主文のとおり判決する。なお、裁判官某の補足意見がある。
　裁判官某の補足意見は次のとおりである。
例3　意見を表示する場合
　よって、裁判官全員一致の意見で主文のとおり判決する。なお、裁判官某の意見がある。
　裁判官某の意見は次のとおりである。

　少数意見は、裁判官の合議の結果として最終的に「敗れた」意見ですが、同じ問題について法廷意見とは別の筋道を提示してくれる点で、法廷意見の理解を深める上で重要な意味をもつ場合があります。したがって、少数意見の付された判例を読み解く際には、法廷意見とは別に、しかし法廷意見との関連に配

---

[46] 最高裁の発足初期のころの判例では、特に意見と補足意見との区別が明確でない例があったようですが、最近はほぼこの区別が妥当しているようです。

第2部　判例読解の部

慮しつつ、整理しておく必要があります。

(2) 事例判断と新判例

　判例の中には、それまでの判例がすでにやっていた法令解釈を前提にして、それを別の事件に適用したにすぎないものと、それまでの判例にはない法令解釈を一般命題として示し、それを事件に適用したものとがあります。前者は、事例判断と呼ばれ、後者は俗に新判例と呼ばれます。

　事例判断については、特に最近では前提となる従来の判例が比較的丁寧に判決文に引用されることが多くなっています[47]。このような場合には、まず、少なくとも裁判所は目の前の事件が、従来の判例の立てた一般命題の適用によって結論を導くことのできるものであると認識していること、が分かります。講義科目で出てきた判例を読む場合は、一応この点を理解すればそれでいいですが、演習に参加してさらに理解を深めるための心構えとしては、判決文に引用されている従来の判例が立てた一般命題の適用によって、ホントに結論を導ける事件だったのか、と疑ってみる余地があります[48]。あるいは、前提となる従来の判例が引用されていない場合も、すぐに新判例と見るのではなく、実は裁判所も気づかなかった類似事件が過去にあったかもしれない、と疑ってみる余地もあります。

　新判例については、前提となる従来の判例が引用されておらず、しかも類似事件がない場合になされた新しい判断ですから、そこで新たに立てられた一般命題それじたいの内容を把握する必要があるのは当然です。講義科目で出てきた判例を読む場合は、一応はそれでいいですが、演習に参加してさらに理解を深めるための心構えとしては、その一般命題の内容が果たして妥当か、さらにはそれと既存の他の一般命題とが果たして整合的に理解できるか、といったことも疑ってみる余地が出てきます。

---

[47] このような場合によく使われる言い回しに、「…であることは、当審の判例とするところである（過去の判例を引用）。」というのがあります。
[48] なお、上告に際して原裁判の判例違反を指摘する場合、つまり従来の判例が立てた一般命題を前提にして裁判すべき事案のはずが、原裁判がそうしなかったという場合には、その判例を具体的に示す必要があります（民事訴訟規則192条、刑事訴訟規則253条）。この判例違反の主張を上告裁判所が排斥する場合にはしばしば、「所論引用の判例は、事案を異（こと）にし、本件に適切でない。」という言い方がされます。

第 4 章　判例の読解——応用編

例 2-4-6　事例判断・新判例の例（最判平成 18・1・17 民集 60 巻 1 号 27 頁）

「（1）時効により不動産の所有権を取得した者は、時効完成前に当該不動産を譲り受けて所有権移転登記を了した者に対しては、時効取得した所有権を対抗することができるが、時効完成後に当該不動産を譲り受けて所有権移転登記を了した者に対しては、特段の事情のない限り、これを対抗することができないと解すべきである（最高裁昭和 30 年（オ）第 15 号同 33 年 8 月 28 日第一小法廷判決・民集 12 巻 12 号 1936 頁、最高裁昭和 32 年（オ）第 344 号同 35 年 7 月 27 日第一小法廷判決・民集 14 巻 10 号 1871 頁、最高裁昭和 34 年（オ）第 779 号同 36 年 7 月 20 日第一小法廷判決・民集 15 巻 7 号 1903 頁、最高裁昭和 38 年（オ）第 516 号同 41 年 11 月 22 日第三小法廷判決・民集 20 巻 9 号 1901 頁、最高裁昭和 41 年（オ）第 629 号同 42 年 7 月 21 日第二小法廷判決・民集 21 巻 6 号 1653 頁, 最高裁昭和 47 年（オ）第 1188 号同 48 年 10 月 5 日第二小法廷判決・民集 27 巻 9 号 1110 頁参照）。

＜中略＞

（2）民法 177 条にいう第三者については、一般的にはその善意・悪意を問わないものであるが、実体上物権変動があった事実を知る者において、同物権変動についての登記の欠缺を主張することが信義に反するものと認められる事情がある場合には、登記の欠缺を主張するについて正当な利益を有しないものであって、このような背信的悪意者は、民法 177 条にいう第三者に当たらないものと解すべきである（最高裁昭和 37 年（オ）第 904 号同 40 年 12 月 21 日第三小法廷判決・民集 19 巻 9 号 2221 頁、最高裁昭和 42 年（オ）第 564 号同 43 年 8 月 2 日第二小法廷判決・民集 22 巻 8 号 1571 頁、最高裁昭和 43 年(オ)第 294 号同年 11 月 15 日第二小法廷判決・民集 22 巻 12 号 2671 頁、最高裁昭和 42 年(オ)第 353 号同 44 年 1 月 16 日第一小法廷判決・民集 23 巻 1 号 18 頁参照）。

　そして、甲が時効取得した不動産について、その取得時効完成後に乙が当該不動産の譲渡を受けて所有権移転登記を了した場合において、乙が、当該不動産の譲渡を受けた時点において、甲が多年にわたり当該不動産を占有している事実を認識しており、甲の登記の欠缺を主張することが信義に反するものと認められる事情が存在するときは、乙は背信的悪意者に当たるというべきである。取得時効の成否については、その要件の充足の有無が容易に認識・判断することができないものであることにかんがみると、乙において、甲が取得時効の成立要件を充足していることをすべて具体的に認識していなくても、背信的悪意者と認められる場合があるというべきであるが、その場合であっても、少なくとも、乙が甲による多年にわたる占有継続の事実を認識している必要があると解すべきであるからである。」

　内容はさしあたり無視して構いません。この場合、（1）と（2）の第 1 段

第 2 部　判例読解の部

落の部分でたくさんの判例が引用されていますが、少なくとも裁判所は、これらの判例が立てた一般命題の適用によって、今回の事件も結論を導くことができるものであると認識していることが分かります。その上で、(2)の第 2 段落の部分は、新しい一般命題を立てていることになります。

(3) 昔の判例を読む場合

　最近の判例は、だいたいここまでに説明したような構成で書かれていますので、必要に応じて少し応用しながら練習を重ねれば、少なくとも読み解きは普通にできるようになります。他方、昔の判例を引っ張り出してきて読む場合には、これと違う構成で書かれていたり、専門用語以外にも、普段あまり使わない漢語が普通に出てきたりします。特に、戦前の判例になると、表記からして、旧字体の漢字とカタカナ混じり句読点濁点なしで書かれていますので、多くのみなさんは、ぱっと見ただけで投げ出したくなることでしょう[49]。しかし、昔の判例を現代語に書き直すというのもナンセンスですから、こればかりはいかんともしようがありません。みなさんとしては、必要に応じて漢和辞典を参照するなどしながら、例によって文脈を押さえつつ読み進めるしかありません。

第 2 節　裁判の経過を追ってみる

　第 1 審裁判所、控訴審裁判所のした判断は、上告審裁判所のした判断がもつような先例的価値を持たないとされているので、判例ではなく**裁判例**という呼び方をします[50]。講義科目を履修するうえでは、下級審裁判例を参照することはそれほど多くないですが、演習に参加する際には、第 1 審から上告審まで、ある事件が裁判所に持ち込まれてからの経過全体を調査・検討することが不可欠となりますので、今度は下級審裁判例を読んでみましょう。

　事実審の裁判については、主文に続く判決理由の部分は、だいたい次のよう

---

[49] ちなみに、戦前の大審院の判例は、判決理由中で、例えば「上告人ノ上告理由第○点ハ…」という形で、長々と上告理由を引用する構成をとりますので、裁判所の判断がどこから始まるのか十分に注意する必要があります。簡単な識別方法としては、おしまいのところに「…ト云フニ在リ」とあって改行がくれば、そこまでが引用ということが分かります（結局、ここまでを 1 つのセンテンスで書いているわけです）。なお、その次の文章の始まりには、「然レトモ」あるいは「(因テ)按スルニ」というのがくることが多いようです。
[50] 判例違反が上告理由・上告受理申立て理由となりうることは、上告審判決の権威の端的な現われです（民事訴訟法 318 条、刑事訴訟法 405 条 2 号・3 号）。

な流れで結論を導いています。

図 2-4-1 事実審の裁判の理由部分の典型的な流れ

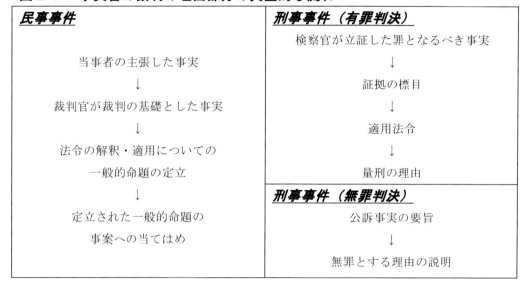

判例集では、上告審判決に続いて、上告理由・上告受理申立て理由[51]が表示され、さらに続けて、第1審判決の主文、事実及び理由、第2審判決の主文、事実及び理由[52]が表示され、下級審段階での裁判の内容が分かるようになっています。もっとも、一見して明らかなように、これでは時系列も何もあったものではありませんから、これを時系列に並べ替えてみましょう。

図 2-4-2 判例集の表示を時系列に並べ替える

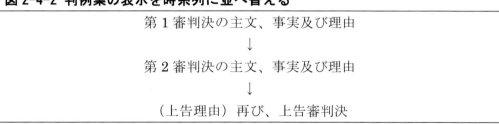

以上に対して、判例雑誌では、上告審の裁判に続いて下級審段階の裁判が掲載されることはむしろ稀です。以下では、最一小判平成11・4・22判時1681

---

[51] 決定の場合は、抗告理由といいますが、以下では判決を素材にします。
[52] 古い判例では、下級審段階の裁判については、主文と事実のみ記載され、理由が掲載されていないものもあります。

第 2 部　判例読解の部

号102頁の事件を素材に、下級審段階の裁判を具体例として取り上げますが[53]、この判例もご多分にもれず、判例時報のこの号に下級審段階での裁判は掲載されていません。そのため、本来であれば、みなさんが自力で検索して判決文を入手しなければなりませんが[54]、ここでは先を急いで、交通事故民事裁判例集（交通民集）[55] 32巻2号375頁以下に、各審級の判決が掲載されているのを参照することにします。なお、この事件は当初、被告を異にする事件が2つ、別々に第1審に持ち込まれ、別々に判決がなされた後、それぞれについて控訴が提起され、控訴審で弁論の併合がなされた、という若干複雑な経緯があります。この間の流れを時系列にすると、次のようになります[56]。

表 2-4-3　裁判の経過を時系列に並べる

	年　月　日	で　き　ご　と
①	昭和56年12月11日	岡山地裁昭和56年（ワ）第881号事件提訴
②	昭和59年（月日不明）	岡山地裁昭和59年（ワ）第398号事件提訴
③	昭和61年5月28日	①に対する判決言渡し⇒交通民集32巻2号394頁に掲載
④	昭和61年（月日不明）	③に対する控訴提起 ⇒広島高裁岡山支部昭和61年（ネ）第85号事件
⑤	平成3年12月20日	②に対する判決言渡し⇒交通民集32巻2号401頁に掲載
⑥	平成4年（月日不明）	⑤に対する控訴提起 ⇒広島高裁岡山支部平成4年（ネ）第10号事件
⑦		裁判所が④と⑥の弁論を併合
⑧	平成6年10月27日	⑦に対する判決言渡し⇒交通民集32巻2号404頁に掲載
⑨	平成6年（月日不明）	⑧に対する上告提起 ⇒最高裁平成7年（オ）第160号事件
⑩	平成11年4月22日	⑨に対する判決言渡し⇒交通民集32巻2号375頁に掲載

---

[53] この事件は民事事件ですから、以下の説明は、民事訴訟を基本にします。刑事訴訟の場合、これと違う取扱いをする部分が少なくないですから、注意してください。
[54] もし上告審の裁判の掲載号の「囲み」のところで出典に言及があれば、少しだけ楽をすることができます。また、時には、下級審段階での裁判が公刊物には掲載されていないこともありますが、その場合はしかたがありません。
[55] これは公式の判例集ではなく、交通事故関係の裁判例を私的に集約したものです。
[56] 表の中で月日不明となっているのは、判決が「言渡し」の年月日で特定され、言渡しの年月日はすぐに分かるのに対し、訴え・控訴・上告がいつ提起されたかは、判決文に現れない限り、特定できないからです。もっとも、①年の表示は事件符号に現れます。②控訴・上告については、期間制限があるので判決の言渡しからそれほど時のたたないうちになされているはずです。

第4章 判例の読解——応用編

第1項 第1審裁判所の裁判 ①

表 2-4-4 民事第1審の判断の種類

判決の種類	応答の結論の内容	説　　　明
本案判決	請求**認容**	原告の請求に理由があり、原告の求めた判決をする場合
本案判決	請求**棄却**	原告の請求に理由がないとする場合[57]
訴訟判決	訴え**却下**	原告の訴えが、訴訟要件[58]を欠くものとして、その当否を判断しない旨の判決[59]

表 2-4-5 刑事第1審の判断の種類

判決の種類	応答の結論の内容		説　　　明
実体判決	有罪判決	刑の言渡しの判決	犯罪の証明があっても刑の免除事由がある場合、刑の免除の判決をする。
実体判決	有罪判決	刑の免除の判決	犯罪の証明があっても刑の免除事由がある場合、刑の免除の判決をする。
実体判決	無罪判決		
形式判決	免訴の判決		実例はわずか。
形式判決	公訴棄却の判決		
形式判決	管轄違いの判決		

まずは、表 2-4-3 の③（岡山地判昭和 61・5・28）を見てみましょう。

例 2-4-7 第1審判決の主文の例（岡山地判昭和 61・5・28）

> **主　文**
> 一　原告（反訴被告）らの本訴請求をいずれも棄却する。
> 二　原告（反訴被告）らは被告（反訴原告）に対し、連帯して、135 万円及びこれに対す

---

[57] なお、例えば、100 万円の支払いを求める訴えに対して、例えば、60 万円の限度で理由があるというように、原告の請求の一部に理由がある場合は、請求の**一部認容**判決がなされることがありますが、同時にそれは、一部棄却判決でもあります。

[58] **訴訟要件**は、本案判決をするのに必要な条件のことです。この条件を欠く場合、訴えは**不適法**である、という言い方をします。

[59] なお、法律上当然に民事訴訟が終了することとなる事由が生じたことが判明した場合には、その旨が判決で宣言されます（**訴訟終了宣言**）。例えば、最大判昭和 42・5・24 民集 21 巻 5 号 1043 頁は、憲法 25 条の生存権をめぐるリーディングケースと言われる、朝日訴訟の上告審判決ですが、生活保護受給権がいわゆる一身専属権であって、相続の対象とならないことを理由に、原告（上告人）の死亡によって、本件訴訟は終了したことを主文中で表示し、その後で「なお，念のため」と断ってから、カッコ書きで生存権保障をめぐるしばしば引用される判断を行っています。なお、刑事事件で被告人が死亡したときは、公訴棄却の決定がなされて裁判は終了します（刑事訴訟法 339 条 4 号）。

第 2 部　判例読解の部

> 　　る昭和 56 年 12 月 12 日から支払いずみまで年 5 分の割合による金員を支払え。
> 三　訴訟費用は、本訴反訴を通じ、原告（反訴被告）らの負担とする。

　この部分は、原告の訴え（本訴）に対する応答と、被告の反訴に対する応答との結論部分です。この事件では、原告の訴え（本訴）に対抗して、被告が**反訴**（民事訴訟法 146 条）を提起していることが読み取れます。「攻撃は最大の防御」などと言われますが、反訴は、現に審理が進められている訴訟のなかで、被告がその訴訟の審理・判断の対象と関連する自らの請求についても審理・判断をするよう求めるものです。これによって、ひとつの訴訟における審理・判断の対象が事後的に複数になります[60]。また、これによって原告は同時に反訴被告、被告は同時に反訴原告となります[61]。

例 2-4-8　第 1 審判決における事実記載の例（岡山地判昭和 61・5・28）

> 　　　　　　　　事　　　実
> 第一　当事者の求めた裁判　①
> 一　X ら
> 　1　Y1 は X らに対し、それぞれ 385 万円及びこれに対する昭和 56 年 12 月 23 日から支払いずみまで年 5 分の割合による金員を支払え。
> 　2　Y1 の反訴請求を棄却する。
> 　3　訴訟費用は、本訴反訴を通じ、Y1 の負担とする。
> 　4　右 1 につき仮執行の宣言
> 二　Y1
> 　主文と同旨
> 第二　当事者の主張　②
> 一　本訴請求原因
> 　1　事故の発生
> 　（一）日時　昭和 56 年 7 月 28 日午後 7 時ごろ
> 　（二）場所　岡山市築港新町一丁目 18 番 5 号先路上
> 　（三）加害車両　自動二輪車（岡ま 3555、以下「本件車両」という。）

---

[60] 原告の側から、現に審理が進められている訴訟の中で新たな請求を追加すること（訴えの追加的変更、民事訴訟法 143 条 1 項）ができることに対応したものです。
[61] このあたりをごっちゃにすると後々、わけが分からなくなりますので、当事者に符丁をつけ、それを訴訟の全過程で統一しておく必要性が大きいわけです。以下では、原告（反訴被告）を X（厳密に言うと X1 と X2 の 2 名います）、被告（反訴原告）を Y1（②の事件が後に併合されてくるので、数字を付します）と表示します。

（四）右運転者　Y1
　（五）被害者　A
　（六）事故態様　Y1がAを後部に同乗させて本件車両を運転して北進中、前方注視義務及び安全運転義務に違反したため、折から対向右折中のY2運転の普通乗用自動車（以下「Y2車」という。）の左側ボディーに衝突し、そのはずみでAがY2車に向かって投げ出されたもの（以下「本件事故」という。）。
　（七）死亡　Aは、本件事故により、腹部、胸部外傷、両上肢骨折、左下肢骨折等の傷害を受け、約4時間後に死亡した。
2　責任原因
　Y1は、本件車両を使用して運行の用に供していたものであるから、自賠法3条により、本件事故によって生じた損害につき、Aに生じた損害賠償請求権をその父母として2分の1ずつ相続したXらに賠償する責任がある。
3　損害
　Aの死亡による損害額は、次のとおりである。
（一）逸失利益　1500万5250円
　Aは、昭和38年12月20日生まれで、本件事故当時は17歳の高校生であったので、その翌年4月から49年間就労可能であり、かつ、18歳男子の月収は10万5300円を下らない。この間の生活費割合を5割とし、ホフマン係数を23.75として逸失利益の現価を求めると、次のとおりである。

$$105,300 \times 12 \times (1-0.5) \times 23.750 = 15,005,250$$

（二）慰藉料　　　　1200万円
（三）損害の填補　　2000万円
（四）右残額　　　　700万5250円
（五）弁護士費用　　 70万円
　合計額　　　　　　770万5250円

　よって、XらはYに対し、それぞれ右損害合計額の内金770万円の2分の1である385万円及びこれに対する本訴の訴状送達の日の翌日である昭和56年12月23日から支払いずみまで民法所定の年5分の割合による遅延損害金の支払を求める。
二　本訴請求原因に対する認否
1　本訴請求原因1のうち、（一）、（二）及び（七）の事実並びに本件車両がY2車と衝突した事実は認めるが、その余の事実は否認する。本件事故は、Aが本件車両を運転し、Y1が後部に同乗していて発生したものである。
2　同2は争う。
3　同3のうち、Aが本件事故当時17歳の高校生であったことは認め、その余は知らな

い。

三　反訴請求原因

1　Xらは、昭和 56 年 12 月 11 日、Y1 に対し、本件車両の運転者が Y1 であり、同乗者が A であったとして、本訴請求である損害賠償請求訴訟を提起した。

2（一）しかし、本件事故を捜査した岡山南警察署は、本件車両の運転者は A であり、Y1 は同乗者であったとの前提で送検しており、また、岡山地方検察庁も、同月 16 日、A を業務上過失傷害罪の被疑者としたうえ、被疑者死亡を理由として同人を不起訴処分とした。

（二）Xらは、A が本件車両の運転者であってほしくないと思うあまり、岡山南警察署において本件事故の捜査が行われていた時期に、独自の証拠収集活動に走ったため、同署からたびたび行き過ぎであるとして警告を受けていたが、同署及び検察庁において自らの主張がいれられないとみるや、本訴を提起したものである。

（三）すなわち、Xらは、刑事事件の捜査によって充分に真相が解明されていたにもかかわらず、これを覆すに足りる確たる証拠もないままに、かつ、本件車両の運転者が Y1 でないことを容易に知り得べき事情があったのに、単に Y1 に対して損害を与えることを目的として、あえて本訴を提起したものであって、かかる訴訟の提起は、公序良俗に反し、不法行為に当たる。

（四）したがって、Xらは、民法 719 条により、Y1 に対する不当訴訟の提起行為によって Y1 に生じた損害を各自連帯して賠償する責任がある。

3（一）Y1 は、本訴にやむなく応訴せざるを得なくなり、弁護士費用として着手金 35 万円の支出を余儀なくされた。

（二）Y1 は、本訴の提起によって夜も眠れぬほどの精神的損害を被ったが、これを金銭的に評価するとすれば 100 万円を下らない。

よって、Y1 は X らに対して、共同不法行為に基づく損害賠償金として、連帯して 135 万円及びこれに対する不法行為後にして本訴提起の日の翌日である同年 12 月 12 日から支払いずみまで民法所定の年 5 分の割合による遅延損害金の支払を求める。

四　反訴請求原因に対する認否及び原告の主張

1　反訴請求原因 1 の事実は認める。

2　同 2 のうち、（一）の事実は認め、（二）の事実は否認し、（三）は争う。同 3 は争う。

3　民事訴訟は、国家が刑罰権を行使する刑事訴訟と目的を異にしているのであるから、刑事訴訟における被疑者の特定と同等の証拠を集めなければ提起できないものではなく、自己の主張を裏付け得る一応の根拠に基づいて訴訟を提起する限り、訴訟の提起が不法行為に当たることはないと解すべきである。本件においては、Y1 が本件車両を運転していたのを目撃したという者の供述書や本件事故発生直後の Y1 の不自然な行

> 動から、Xらにおいて Y1 を本件車両の運転者であったと推理することには無理からぬ事情があるので、本訴については、訴訟の提起が不法行為を構成する場合に当たらない。
>
> 第三　証拠　③
> 　本件記録中の証拠に関する目録に記載のとおりであるから、これを引用する。

　「事実」の部分は、当事者の求めた裁判、当事者の主張、証拠の3つに区分されますが、ここにいう「事実」は、当事者双方が自分の言い分として、裁判所に持ち込んだものです。したがって、双方の言い分が異なる場合に、証拠に基づいて**裁判所が認定し、判断の基礎にした「事実」は、ここには書かれていない**ことに注意する必要があります。

(1)　当事者の求めた裁判（①）

　この部分では、原告と被告がそれぞれどのような判決を求めたのかが表示されます[62]。民事裁判では、原告による訴えとこれに対する裁判所の応答である、終局判決とが一番大きなフレームとなっていますから、裁判所としては、例えば、被告に 200 万円の支払いを求める訴えに対して、被告に 300 万円の支払いを命じるというように、当事者の求める範囲を超えて判決をすることは許されません。したがって、この部分は、裁判所が判決をすることのできる範囲を表します。このケースでは、①Xらは、自動車損害賠償保障法3条に基づく損害賠償として、Y1 に対して、X1、X2 それぞれに、385 万円及びこれに対する昭和 56 年 12 月 23 日から支払済みまで年5分の割合による金員の支払いを命じる判決を求めるとともに、Y1 の反訴請求を棄却する判決を求めていること、②Y1 は、Xの本訴請求を棄却する判決を求めるとともに、反訴請求として、Xの本訴提起は Y1 に対する不法行為であるとして、その損害賠償として、Xらが Y1 に対し、連帯して 135 万円及びこれに対する昭和 56 年 12 月 12 日から支払い済みまで年5分の割合による金員の支払いを命じる判決を求めていること、が読み取れます。

---

[62] 反訴請求がなければ、原告の求めた裁判が**「請求の趣旨」**（民事訴訟法 133 条 2 項 2 号に対応）、被告の求めた裁判が**「請求の趣旨に対する答弁」**（民事訴訟規則 80 条 1 項に対応）という見出しで、表示されます。なお、Xらの求めた裁判の最後に「仮執行の宣言」がありますが、これは訴訟費用の裁判と同じく請求の当否に付随して問題となる事項です。ただし、現時点では無視して構いません。

第 2 部　判例読解の部

(2) 当事者の主張(②)

　この部分には、読んで字のごとく、当事者が主張した（裁判所に提出した）事実が表示されています。「一　本訴請求原因」と「四　反訴請求原因に対する認否及び原告の主張」は、原告が主張した事実、「二　本訴請求原因に対する認否」と「三　反訴請求原因」は、被告が主張した事実となります[63]。

　当事者双方が相手方に求めている損害賠償請求は、いずれも相手方の不法行為にもとづいて発生した損害を金銭によって償うことを求める権利を主張するものです[64]。この請求に根拠があれば、裁判所は請求を認容して損害賠償の支払いを命じることになるでしょう。それでは、請求に根拠があると言えるためには、どういうことが必要になるかが問題となりますが、まず、**①一般論として、そもそも法がそのような権利を承認しているかどうか**が問題になります（法的な根拠づけ）。裁判所は、法を適用して判断を導くことが求められている以上、法が承認しないような権利を承認するわけには行かないからです。次に、**②具体的な事件に関して、法がそのような権利の発生原因と定めている一定の事実があるのかどうか**が問題となります（事実的な根拠づけ）。われわれは、権利というものを直接に目で見たり手で触れたりすることはできず、法の定める権利の発生要件に当てはまると言える具体的事実の存在を通じてのみ認識できるにすぎないからです。このケースでは、当事者双方が主張している不法行為にもとづく損害賠償請求権を、一般論として法が承認していることは、おそらくそれほど問題がないですから、損害賠償請求権の発生原因となる一定の事実があるかどうか（②）、が重要な問題となります。

　ところで、第1審は事実審ですから、裁判所は法令の適用の前提になる事実を自ら認定します。その際には、当事者の主張しない事実を法令の適用の前提にしてはならないとともに、当事者の主張した事実はすべて考慮に入れなければなりません。そこで、裁判の基礎になる事実を過不足なく考慮して適法に事実認定をしたことが分かるようにするために、当事者の主張した事実を整理し

---

[63]　反訴請求がなければ、原告が主張した事実が**「請求原因」**という見出しで、被告が主張した事実が**「請求原因に対する認否（及び主張）」**という見出しで表示されます。なお、本件では提出されていませんが、被告が原告の主張に対して**抗弁**を提出することがあります。その場合は、**「抗弁」**という見出しで表示されるとともに、これに対する原告の応答が、**「抗弁に対する認否」**という見出しで表示されます。
[64]　自動車損害賠償保障法3条は、不法行為に関する民法709条の特別法に位置づけられていますので、性質上はやはり、不法行為に関する規定ということになります。

第4章　判例の読解——応用編

て記載しているわけです。もっとも、このケースもそうですが、当事者双方が主張した事実には、一致している部分と一致していない部分とがあります。

表 2-4-6　当事者双方の事実主張の一致・不一致

	原告（X ら）	被告（Y1）
本訴請求	**1（一）（二）（七）、本件車両と Y2 車両衝突**	認める
	1（三）（四）（五）（六）	否認する⇒本件車両の運転者は Y1 ではなく A
	2	争う
	3 のうち、**A が本件事故当時 17 歳の高校生であったこと**	認める
	それ以外の部分	不知
反訴請求	認める	1、2（一）
	否認する、争う⇒自己の主張を裏付けうる一応の根拠に基づいて訴訟を提起する限り、訴訟の提起は不法行為に当たらない。	2（二）、（三）、3

　このうち、相手方の主張を「認める」部分には、**裁判上の自白**が成立します。裁判上の自白が成立した事実は、証拠によって証明することなしに判決の基礎となります[65]。これに対して、「否認する（争う）」部分は、当事者双方の主張事実が食い違っていますから、このままではどちらの主張事実を判決の基礎にすることもできません。このため、自分の主張事実を相手方が否認する（争う）ときは、その事実を証拠によって立証する必要が生じます[66]。裁判所としては、当事者が提出した証拠を取調べ、その結果を評価して判決の基礎となる事実を認定することになります（**事実認定**）[67]。このように、請求原因に対する認否

---

[65] **自白という用語は、民事法と刑事法で意味が違う**ので注意が必要です。**刑事訴訟**ではかつて、「自白は証拠の王」などと言われたように、**自白は証拠として位置づけられている**上、その対象も事実に限らず、起訴された犯罪について有罪であることを自認する場合も含むとされています。裁判所としては、これを評価して、犯罪事実の有無を判断することになるでしょう。これに対して**民事訴訟における自白は、両当事者の事実主張の内容が一致した場合の問題のこと**を指し、裁判所が証拠による事実認定をするのを排除し、自白が成立した事実をそのまま判決の基礎とするよう裁判所を拘束することになります。

[66] 抗弁が提出された場合は、原告による抗弁に対する認否の結果により、被告が抗弁事実を立証する必要があるかが決まりますので、抗弁事実とその認否も対照する必要があります。

[67] ちなみに、事実の主張に対する相手方の応答のしかたとしては、他に、**沈黙（争わない）**、

第2部　判例読解の部

がどのようであるかによって、事実認定のために証拠を取り調べる必要があるかどうかが決まります。

(3)　証　拠（③）

　この部分は、判決書の原本では、事実認定のために取り調べた証拠が記載されますが、今回のケースのように別添目録に委ねられることもあります。いずれにしても、証拠の具体的な表示は、普通省略されています。

例 2-4-9　第 1 審判決における理由記載の例（岡山地判昭和 61・5・28）

　　　　　　　理　　由
一　本訴請求について
1　本訴請求原因については，1（一）、（二）記載の日時、場所において、本件車両と Y2 車が衝突するという本件事故が発生し、その結果、A が（七）記載の傷害を負って死亡したことは、当事者間に争いがない。本件事故の争点は、A と Y1 のいずれが本件車両を運転し、いずれが後部座席に同乗していたか、という点に帰着するので、以下この点につき判断する。
2　A と Y1 が本件事故の当日、本件車両で現場に至るまでの経緯等に関しては、<u>いずれも成立に争いのない甲第 15 号証、乙第 55 号証、証人 M の証言及び Y1 本人尋問の結果によれば</u>④、（一）　当日、Y1 と A は、一緒に買い物に行くなどして遊んだ後、午後 7 時前ごろ、連れ立って A の友人である D' の自宅へ赴き、D' のほか、E、F 外 2 名と落ち合ったこと、（二）　同所に集まった A を含む 7 名の者は、そこから市内並木町にある喫茶店「ホンキートンク」へ行くこととなり、A が D' から本件車両を借りたうえ、A が青色の、Y1 が白色のヘルメットをそれぞれ被って、A が本件車両の運転席に乗り、Y1 がその後部に同乗したこと、（三）　E が運転して F が後部に同乗した自動二輪車（以下「E 車」という。）が発進したのに続いて、間もなく A の運転する本件車両も発進したこと、（四）　E 車が D' 宅を出発して本件事故の現場に至る途中、南北に直線に延びる道路を時速約 80 キロメートルで北へ進行中、運転席の E と後部の F がそれぞれ後方を振り返ったところ、約 100 ないし 200 メートル後方に、出発のときと同じ青色のヘルメットを被った A の運転する本件車両が追従してきており、本件現場から南方へ約 300 メートルの地点にある交差点を右折するのが見えたこと、（五）　E 車が本件現場を通過して北へ約 200 メートル行った交差点で停止した際、E らが再度後方を振り返ったところ、本件事故が発生した

不知の陳述があります。このうち、争わない場合には、自白したものとして扱い（民事訴訟法 159 条 1 項本文）、不知の陳述がされた場合には、争ったものと推定されます（2 項）。

ことに気づいたこと、以上の事実が認められ、右認定に反する証拠はない。

　右認定事実によれば、E 車に乗った E らが最初に後方を振り返った際、青色ヘルメットを被った A が運転している本件車両を確認したが、それから、時速約 80 キロメートルで約 300 ないし 400 メートルを走行して再度振り返るまでの間、すなわち時間にして 10 数秒ないし 20 数秒の短い間に、本件事故が発生しているから、本件事故の際本件車両を運転していたのは A であると推認するのが相当である。けだし、この間に、A から Y1 に本件車両の運転者が代わるということは、本件車両が E 車に追従走行している状況で、かつ僅かな時間であることからして、不可能であると推測するに難くなく、この点についてこれを覆すに足りる特段の事情を認めるに足りる証拠もない。

3　次に、本件事故発生直後の状況及び本件事故の態様については、＜証拠略＞を総合すれば、（一）　本件車両と Y2 車の衝突地点及び停止位置、乗員の転倒位置、本件車両及び Y2 車の質量等からして、本件車両と Y2 車の衝突時の速度は、それぞれ約毎時 80 キロメートル及び約毎時 15 キロメートルであって、その衝突角度は約 50 度であったこと、（二）　本件車両と Y2 車の損傷状況等からして、本件車両は、鉛直から左へ約 60 度傾いた状態で、ヘッドライト付近が Y2 車の左後輪に食い込むようにして衝突し、その衝撃により後部を右に振る運動を起こしたこと、（三）　自動二輪車が衝突によって速度を減じても、慣性の法則により、乗員は、車両から離れてそれまでの運動を続けようとするため、車両から投げ出されて飛翔するが、相対的位置関係を変ずることはないところ、本件においては、Y1 の方が A よりも進行方向の向かって右側（東側）に転倒しており、本件車両が衝突時に後部を右に振ったことを前提とすると、Y1 の方が A よりも相対的に後ろに位置していたことになること、（四）　Y1 と A の衝突地点から転倒位置までの各距離からして、両者の飛翔開始時の速度はいずれも約毎時 30 キロメートルであって、本件車両の衝突時の速度約毎時 80 キロメートルと対比すると、両者とも、どこかに当たってかなり減速された後に飛翔を開始したことになること、（五）　Y2 車の左後部ドアのフレームには A の被っていた青色のヘルメットの塗料が付着しており、また、同車の左後部フェンダーには同人と血液型の一致する血痕が付着していることからも明らかなように、本件事故によって、A は、Y2 車に衝突し、請求原因 1（七）記載の重傷を負って、4 時間後に死亡したのに対し、Y1 は、顔面・口唇挫創、両膝打撲、胸部圧迫等により約 10 日間の入院加療を要した程度の比較的軽微な傷害を負ったに過ぎないこと、以上の事実を認めることができ、右認定に反する証拠はない。右認定事実を総合すれば、本件衝突によって、A は、まず本件車両から飛出して Y2 車と衝突し、次いで後方から飛翔してきた Y1 と衝突し、両名とも速度を減速して飛翔し、路上に投げ出されたものと推認できるのであって、衝突時において A が本件車両を運転し、Y1 が後部座席に同乗していたと認めるのが相当である。

　X らは、後部座席の A が運転席の Y1 を飛び越えて Y2 車と衝突したものである、と主

第2部　判例読解の部

張するが、右主張は、証拠上の裏付けを欠く独自の見解であって採用できない。
4　なお、Xらは、本件事故発生後、Y1が事故現場において何らAを救護することなく、現場近くの天満屋ハピータウン岡南店内のトイレに駆け込み、Y2やY1の友人らがトイレの戸を開けて出て来るように言ったのに対し、単に中から応答するのみでなかなか外へ出て来なかったのは、Y1が本件車両の運転者であることの徴憑である、と主張する。

　しかし、＜証拠略＞によれば、Y1は、本件事故の発生後気を失っていたが、しばらくして意識を回復し、呼吸ができるようになったところ、Aが血まみれになって路上に転倒しているのを発見したので、電話をかけに行こうとして歩きかけたが、胸が苦しくなったので、現場の交差点横の電柱の下辺りに座り込んでしまったこと、その後、救急車を呼んだという女性の声を聞いて、電話をかけに行くのをやめたが、吐き気がすると同時に、自分の顔から血が流れているのに気づいて、これを流し落とそうと思い、同店内のトイレに駆け込んだこと、トイレに入って嘔吐するなどしている間に、Y1の友人らが出て来るよう言ったが、意識がもうろうとして気分が悪かったため、なかなか外に出ようとしなかったこと、Y2がトイレの外から、救急車が来ているので早く外に出るよう促したので、ようやくトイレから出て来たことが認められる。右認定事実によれば、Y1は、ことさらに現場から逃げ出してトイレの中に隠れたとは認め難いのであって、Xらの前記主張は失当である。

<u>5　以上のとおりであるから、Y1が本件車両の運転者であったことを前提とするXらの本訴請求は、その余の点について判断するまでもなく、理由がない</u>　⑤。

二　反訴請求について
1　反訴請求原因1及び2（一）の事実は、いずれも当事者間に争いがない。
　そして、本訴請求が理由のないことは、先に詳述したとおりである。
2　Xらが本訴請求を提起するに至った経緯についてみるに、＜証拠略＞を総合すれば、
　（一）　Xは、本件事故の当日、本件現場において実況見分中の警察官に対し、本件車両の運転者が<u>Aらしいこと、同人が重傷</u>を負って労災病院に運び込まれて手当てを受けていること、後部座席に乗車していた者が佐藤病院で手当てを受けていることをそれぞれ申告し、その後、佐藤病院に入院中のY1を見舞い、Y1の父に対し、Aが運転していて本件事故を起こして申し訳ない旨申し述べたこと、（二）　その後、同年8月6日ごろになって、Xは、佐藤病院にY1を訪ね、Y1が本件車両を運転していたと決めつけたうえ、Y1が重傷のAを放置して逃げたのではないかとY1を非難したこと、（三）　岡山南警察署において本件事故を捜査中、Xから同署の捜査官に対し、本件車両の運転者がY1であったことを目撃したとする女性4名（B、Cほか2名）を捜し出したから参考人として取り調べられたい、との申し出があったため、同署の捜査官が右4名を取り調べたところ、右4名のいずれからも本件車両の運転者の特定について信用性のある供述を得られなか

ったこと、(四) Xは、右捜査と並行して、本件車両の運転者がY1であることを裏付けようとして、独自の証拠収集活動を行ったため、同署の捜査官から、今後は警察に情報を提供する程度にとどめ、独自の証拠収集を慎むよう注意を受けたこと、以上の事実が認められ(る)＜証拠略＞。他方、＜証拠略＞によれば、Xらが本訴の提起に当たって、本件車両の運転者がY1であることを示す証拠として収集していたものは、Y1が本件車両を運転していたのを目撃したとするB、Cらの供述書、本件車両を運転したのはY1であると思う旨等のY2の供述を録取したとされる弁護士吉田露男作成のメモがあったに過ぎないと認められるが、＜証拠略＞によれば、岡山南警察署の捜査によって、前記のとおり、右B及びCらの供述が信用し難いことが判明し、また、本件事故直後の事情聴取において、Y2が同署の捜査官に対し、Y2が衝突前に本件車両に全く気づいていなかった旨供述していることが認められる。してみると、Xらが本訴を提起するに際して、Y1が本件車両を運転していたことを示す証拠として援用するものは、いずれも捜査の過程において既に信用性が否定されたものといわざるを得ない。加えて、B及びCが当裁判所からの証人尋問の呼出しに応じなかったことは、当裁判所に顕著な事実であって、このことと、＜証拠略＞を総合すれば、Bらが前記の供述書を作成したのは、Xらから相当強力な働きかけがあった結果によるものと推認するに難くない。

　また、本件事故の直後にY1がスーパマーケットのトイレに駆け込んだことは、確かにXらとしてY1に不審を抱くのも無理からぬ行動であるとはいえ、Y1の弁解に素直に耳を傾けるならば、前認定のとおり、事故後の行動として何ら怪しむに足りないものであることに容易に思い至ったものと推察することができる。

　<u>以上の事実を総合すると、Xらは、本件事故の発生後、当初はAが本件車両の運転者であったことを認める態度をとっていたが、Y1の事故直後の行動に不審を抱いたのをきっかけに、一転してY1が本件車両の運転者であったと思い込み、被害感情にかられて、独自の証拠収集活動に走ったが、岡山南警察署の捜査の結果、自らの主張が容れられず、また、岡山地方検察庁の処分は判明していなかったものの、前記のとおりの処分となることが殆ど確実視されていた時点で、右処分の認定を覆すに足りる証拠もないままに、本訴を提起したことが認められる</u> ⑤。

　<u>一般に、訴訟を提起した者が敗訴したからといって、右訴訟の提起が不法行為に当たるものでないことはいうまでもないが、提訴者が自らの権利のないことを知りながら、相手方に損害を与えるなど不当な目的をもって訴訟の提起に及んだ場合や、自らの権利のないことを容易に知り得る立場にありながら、確たる証拠もないのに訴訟を提起したような場合には、もはや裁判を受ける権利の正当な行使とはいえず、提訴者に故意又は過失があるものとして、不法行為に当たるとの評価を免れないというべきである</u> ⑥。これを本件についてみると、XらがY1に損害を与える目的をもって本訴を提起したとまでは、証拠上

認め難いものの、前認定のとおり、本件事故については、捜査機関がXらの申し出た証拠資料についても慎重な検討を加えて捜査した結果、本件車両の運転者はAであったとの結論を出しているのであって、Xらとしては、たとえ右結論に感情的に割り切れないものが残ったとしても、公権的判断としてこれを尊重すべきであったのであり、Y1が運転者でないことを容易に知り得る立場にあったものといわねばならない。しかるに、Xらが、右捜査結果を覆すに足りる新証拠もないのに、捜査過程において既に信用性の否定された証拠に依拠して、捜査機関によって本件事故の被害者と認定されたY1を、加害者であるとしたうえで敢えて本訴を提起したことは、刑事事件の捜査の終結によってもたらされた法的安定性をいたずらに撹乱するものであり、かつ、Y1の名誉、人格を不当に傷つけるものであって、もはや裁判を受ける権利の行使として正当化し得る余地がなく、不法行為としての評価を免れないものといわざるを得ない ⑦。

3　次に、右不法行為によってY1の被った損害について判断する。
（一）弁護士費用
　　弁論の全趣旨によれば、Y1は、本訴事件の応訴のために訴訟代理人と訴訟委任契約を締結し、着手金として35万円を支払ったことが認められ、右認定を覆すに足りる証拠はない。そして、本訴事件の請求金額、その難易度、訴訟の経過等諸般の事情を考慮すると、右着手金35万円は、右不法行為と相当因果関係のある損害であると認めることができる。
（二）慰藉料
　　＜証拠略＞によれば、本訴提起の当時、Y1は、大学受験を目前にした高校3年生であって、本来であれば本件事故の被害者としてXらに対して損害賠償を求め得る立場にあるのに、逆にXらから加害者であると断定されて訴えられたのであって、このことによる精神的苦痛には少なからぬものがあると認められる。
　　その他本件に顕れた一切の事情を勘案すると、被告が被った精神的苦痛に対する慰藉料は、100万円をもって相当と認める。
三　以上の次第であって、Xの本訴請求は、理由がないからこれを棄却し、Y1の反訴請求は、理由があるから、これを容認し、訴訟費用の負担につき民訴法89条、93条を適用して、主文のとおり判決する。」

この部分は、裁判所の認定した事実とこれに法の適用をした部分です。

(4) 証拠の摘示（④）

事実認定の基礎となった証拠を表示する部分です。本文でもこの箇所以下ではそうしたように、判例雑誌では、しばしば＜証拠略＞のような形で、省略されます。甲〇号証とか乙〇号証とあるのは、証拠が誰によって何番目に提出さ

れたかを示しています。原告側から提出されたものを**甲号証**、被告側から提出されたものを**乙号証**として区別し、番号は提出順に付します[68]。また、証拠と並んで、**「弁論の全趣旨」**が表示されることがあります。これは、弁論に現れた一切の事情を意味し、民事訴訟では、証拠調べの結果だけでなく、弁論の全趣旨からも事実を認定することができます（民事訴訟法247条）[69]。

(5) 事実の認定（⑤）

　このケースで本件車両の運転者がAであれば、Y1がAの死亡について不法行為に基づく損害賠償を命じられるいわれがないのは言うまでもありません。したがって、このケースの本訴請求を判断する上で中心的な争点になるのは、本件車両の運転者がAであったのか、Y1であったのかです。「一　本訴請求について」の部分は、すべてこの点の認定に費やされ、結局、運転者がAであったことが認定されて、Xらの請求は理由がないものとして棄却されていることが読み取れます。

　次に、反訴請求は不当な本訴請求訴訟の提起が被告（反訴原告）に対する不法行為にあたるとして提起されたものですから、本訴請求に理由がないという結論に至って初めて、反訴請求に理由ありとされる可能性が出てきます。そこで、裁判所はすすんで、反訴請求に理由があるかどうかを判断する前提となる事実の認定に進んでいることが読み取れます。

(6) 一般命題の定立（⑥）

　このケースでは、誰かに訴えを提起する行為が不法行為となるのはどのような場合かが問題となっています。普通に考えれば、訴えの提起それじたいは正当な行為ですから、不法行為などと言われる筋合いはありません。このケースも、それを前提にしつつ、一定の場合には不法行為が成立する余地のあることを認め、それがいかなる場合かの一般命題をこの箇所で定立しています。

---

[68] なお、「成立に争いのない」というのは、ある文書が書き手の意思に基づいて作成されたものであること（このことを「文書の成立の真正」といいます。）について当事者間に争いがないことを意味します。

[69] 刑事訴訟では、積極的に有罪と認められるだけの証拠がなければ無罪になりますから（証拠裁判主義、刑事訴訟法317条）、弁論の全趣旨から事実を認定することはありえません。

第2部　判例読解の部

(7) 一般命題の適用(⑦)

（6）で定立した一般命題を、今回のケースの具体的な事実関係に当てはめる部分です。本件では結論的に、Xによる本訴の提起は不法行為となるという判断が導かれ、損害額の認定に進んでいることが読み取れます。

第2項　第1審裁判所の裁判　②

次に、表2-4-3の⑤、つまりY2に対する訴えについてなされた岡山地判平成3・12・20を見ておきましょう。

例2-4-10　第1審判決の例（岡山地判平成3・12・20）

主　文

原告らの請求をいずれも棄却する。

訴訟費用は原告らの負担とする。

事実及び理由

一　請求

Y2はXらに対し、各金405万5000円及び内金369万円に対する昭和56年7月29日から支払済みまで年5分の割合による金員を支払え。

二　事案の概要

1　争いのない事実

昭和56年7月28日、岡山市築港新町一丁目18番5号先市道上において、Y2運転の普通乗用自動車（以下「本件普通車」という）と、A び Y1の乗車する自動二輪車（以下「本件二輪車」という）とが衝突し、これによりAが腹部胸部外傷、両上肢左下肢骨折等の傷害を負い死亡した（以下「本件事故」という）。

Y2は、本件普通車を使用して運行の用に供していたところ、前方不注視及び安全運転義務違反の過失により、本件事故を惹起したものであるから、自賠法3条の運行供用者責任及び民法709条の不法行為責任を負う、

XらはAの両親であり、同人を相続した。

Xらは、自賠責保険より本件事故に基づく損害賠償金として2000万円の填補を受けた。

2　主な争点

主な争点は、過失相殺の認否程度である。この点に関し、Y2は、本件事故の際、Aが本件二輪車を運転しており、同人には著しい速度違反、前方不注視及び安全義務違反の過失があったから、その過失割合は5割を下らない旨主張するのに対し、Xらは、右事

第4章　判例の読解——応用編

故の際、右二輪車を運転していたのはY1であり、Aは、これに同乗していたものであるとして、過失相殺を争う。

三　判断
1　Aの損害額
〔1〕逸失利益

<証拠略>によれば、Aは、昭和38年12月20日生れで、本件事故当時17歳の男子高校生であり、昭和58年4月（19歳）には就職予定であったことが認められる。

ところで、昭和56年賃金センサス第1巻第1表産業計・企業規模計・学歴計の19歳男子労働者の年間平均給与額は158万7500円、事故当時の17歳から67歳までの就労可能年数50年に対応する新ホフマン係数は24.701、右17歳から就労開始年齢19歳までの2年に対応する新ホフマン係数は1.861であり、生活費控除割合は50パーセントが相当であるから、Aの逸失利益は、左記計算式のとおり1812万9250円と認めるのが相当である。

$$158,750,000 \times (24.701 - 1.861) \times 0.5 = 18,129,250$$

〔2〕慰謝料

前記認定のAの年齢、立場等を総合考慮すると、その死亡による慰謝料は1200万円と認めるのが相当である。

〔3〕本件二輪車の損害

<証拠略>によれば、本件二輪車はD又はD'の所有と認められ、A又はXらが右二輪車の破損によって損害を被ったことについては、これを認めるに足る証拠はない。

〔4〕合計

3012万9250円

2　過失相殺

<証拠略>によれば、次の事実が認められる。

本件事故の現場は、南北に通ずる片側二車線の道路と東西に通ずる道路（東方向片側一車線、西方向片側二車線）の交差する見通しの良い交差点であり、付近の制限速度は時速40キロメートル毎時であった。

Y2は、本件普通車を運転して、北から本件事故現場交差点にさしかかり、対面青信号を見て、右折の合図を出しながら減速し、交差点北側入口で対向車のないことを確認したが、その後は、右折先の道路状況に気をとられ、対向車線の安全を確認しないまま時速15ないし20キロメートルで右折を開始したところ、対向車線上を南方から本件交差点に高速度で直進進入してきた本件二輪車が、右普通車の左側面後部に衝突した。

Aは、本件二輪車の後部座席にY1を乗せて運転し、制限速度を大幅に越える時速80ないし90キロメートルで南から現場交差点にさしかかり、そのままの速度で直進しよう

第2部 判例読解の部

> としたところ、交差点南側入口手前で自車の進路上に対向車線から本件普通車が右折進入してきたのを発見し、あわてて急制動の措置をとったが間に合わず、自車の前部を右折途中の右普通車の左側面後部に衝突させた。
>
> 　以上のとおり認められる。
>
> 　なお、本件二輪車の運転者に関し、<証拠略>には、その者がY1であるとするかのような目撃供述記載の部分があるが、それ自体曖昧かつ変遷があるうえ、いずれも前記認定に供した証拠に反しており、容易に信用できないところである。また、<証拠略>によれば、乙第2号証（鑑定書）は、本件普通車の左ドア面の擦過痕やモールの刻印の存在についての資料のない状態で作成されていることが認められるが、同乙号証の鑑定経過内容に照らし、右擦過痕等の存在によって直ちにその信頼性が左右されるものとは認め難く、他に前記認定を覆すに足りる証拠はない。
>
> 　右認定事実によれば、本件事故について、Y2には前方不注視及び対向車に対する安全確認義務違反の過失が存する一方、Aにも著しい速度違反、前方不注視、対向右折車に対する安全確認義務違反の過失があるものと認められ、現場の道路状況や双方の過失の内容程度を総合勘案すると、右事故における双方の過失割合は五分五分と認めるのが相当である。
>
> 四　結論
> 　以上によれば、被告が賠償すべきAの損害額は、前記三1〔4〕の損害合計3012万9250円の2分の1である1506万4625円となるところ、Aの両親であるXらが、自賠責保険より2000万円の填補を受けたことは前記二1のとおりであるから、本件事故に関するY2の債務は既に残存しないものというべきである。
>
> 　よって、Xらの請求はいずれも理由がないから棄却することとし、訴訟費用の負担について民事訴訟法89条、93条を適用して、主文のとおり判決する。

　内容はともかくとして、判決文全体の構成が、前項で読んだY1に対する訴えに対する判決と少し違うのに気づいたでしょうか。前項で読んだ判決文は、主文の次に「事実」として、当事者の求めた裁判、当事者の主張事実、証拠が書き下されてから、「理由」として、裁判所の認定した事実とそれへの法規範（一般命題）の適用が示されていました。これに対して、今読んだ判決文は、主文に続いて、「事実及び理由」と表示され、当事者の求めた裁判、当事者の主張事実を整理する部分と、裁判所の認定事実に法を適用して結論に至る理由の部分とが一括して記載されています。前項で読んだ判決文は俗に旧様式と言われ、伝統的な書き方であるのに対し、この判決文は新様式と呼ばれ、だいたい平成の初めくらいから徐々に使われるようになり、最近ではこちらが主流になって

います。

　判決を新旧どちらの様式で書くかは裁判官の流儀で、法的にはどちらも違法ではありません。読み手から見ると、新様式の判決は、その事件で何が争点になっていたのかが分かりやすく、また当事者が主張した事実と裁判所が認定した事実とが重複して記載されることがないという意味で読みやすいことは確かです。しかしその一方で新様式の判決は、当事者の主張事実が法律要件を満たすものとして十分なものであったか、あるいは裁判官が当事者の主張を過不足なく考慮したか、つまり当事者が主張してもいない事実を勝手に追加したり、当事者が主張したはずの事実を考慮し忘れたりしていないか、といったことを厳密に検証するのが難しいという問題もあります。

第3項　控訴裁判所の裁判

表 2-4-7　民事控訴審の判断の種類

判決の種類	応答の結論の内容[70]		説　　　　明
本案判決	原判決取消	自判	控訴に理由があるとして第1審判決を取消したうえで、控訴裁判所自ら訴えに対する応答をする場合[71]
		差戻し	控訴に理由があるとして、第1審判決を取消したうえで、第1審裁判所に再度事件の審理をさせる場合
		移送	事件を担当した第1審裁判所に管轄権がなかったことを理由として第1審判決を取り消したうえで、管轄権を有する第1審裁判所に再度事件の審理をさせる場合
	控訴棄却		控訴に理由がないとする場合
訴訟判決	控訴却下		控訴が、控訴特有の訴訟要件を欠くものとして、その当否を判断しない旨の判決

---

[70] 第1審裁判所が訴え以外の申立てについて決定で裁判したのに対して抗告が提起された場合もこれに準じ、原決定取消、抗告棄却、抗告却下が区別されます。
[71] 原判決をそのまま是認するわけではないが、その一部のみを変更する旨の自判をする場合（例えば、請求の全部を認容した原判決に対し、一部のみを認容する、請求の一部を認容した原判決に対し、認容額を増減する等）には、「原判決取消」ではなく、「原判決変更」とされるのがふつうです。

第2部　判例読解の部

表 2-4-8 刑事控訴審の判断の種類

判決の種類	応答の結論の内容[72]		説　　　　明
実体判決	破棄の判決	自判	控訴に理由があるとして、第1審判決を取消したうえで、控訴裁判所自ら公訴に対する応答をする場合
		差戻し	控訴に理由があるとして、第1審判決を取消したうえで、第1審裁判所に再度事件の審理をさせる場合
		移送	事件を担当した第1審裁判所に管轄権がなかったことを理由として、第1審判決を取り消したうえで、管轄権を有する第1審裁判所に再度事件の審理をさせる場合
	控訴棄却の判決		控訴に理由がないとする場合

　次に、控訴審判決である表 2-4-3 の⑧（広島高岡山支判平成 6・10・27）を読んでみましょう。

例 2-4-11　控訴審判決の主文の例（広島高岡山支判平成 6・10・27）

> 　　　　　　　主　　文
> 　本件各控訴をいずれも棄却する。
> 　控訴費用は全て控訴人らの負担とする。

　この部分は、控訴の申立てに対する応答の結論部分です。各当事者はいかなる場合にも第 1 審判決に対して控訴が提起できるわけではなく、控訴を提起するには**控訴の利益**がなければなりません。控訴の利益は、第 1 審判決に対して不服がある場合、言い換えれば第 1 審裁判所のした裁判が自己の求めた裁判の内容に及ばない場合に肯定されます。したがって、例えば請求を全部認容された原告には控訴の利益がありませんし、請求を全部棄却に持ち込んだ被告も控訴の利益はありません。今回のケースでは、第 1 審において X らの請求が全部棄却されるとともに、Y1 の反訴請求が認容されていますから、控訴人は X ら

---

[72] 裁判所のした決定に対する抗告、裁判官のした命令に対する準抗告に対しては、抗告の当否を判断するのに必要な条件を欠くときだけでなく、抗告に理由がないときも、決定で抗告を棄却し、理由があるときは、原決定を取消して抗告裁判所が自判することになります。また、控訴の当否を判断するのに必要な条件を欠くときは、控訴棄却の決定をします。

第4章　判例の読解——応用編

以外に考えられません[73]。そして、控訴審裁判所は第1審の判決に誤りがなく、Xらの請求には理由がないと判断したので、控訴を棄却しているわけです。

例 2-4-12　控訴審判決の事実及び理由の例（広島高岡山支判平成6・10・27）

事実及び理由

第一　当事者の求めた裁判

一　Xら

1　［昭和61年（ネ）第85号事件］

（一）原判決を取り消す。

（二）Y1は、Xらに対し、各金385万円及びこれに対する昭和56年12月23日から支払済みまで年5分の割合による金員を支払え。

（三）Y1の反訴請求を棄却する。

（四）訴訟費用は、本訴反訴を通じ、第1、2審ともY1の負担とする。

2　［平成4年（ネ）第10号事件］

（一）原判決を取り消す。

（二）Y2は、Xらに対し、各金405万5000円及び内金369万円に対する昭和56年7月29日から支払済みまで年5分の割合による金員を支払え。

（三）訴訟費用は、第1、2審ともY2の負担とする。

（四）（二）項、（三）項につき仮執行宣言

二　Y1

主文同旨

三　Y2

主文同旨

第二　事案の概要

一　請求

1　XらのY1に対する請求（岡山地方裁判所昭和56年（ワ）第881号［甲事件］）

本件は、普通乗用自動車（以下、「本件自動車」という。）と衝突事故を起こした自動二輪車（以下、「本件二輪車」という。）に乗車していて死亡したAの父母であるXらが、Aは本件二輪車の後部座席に同乗していたもので本件二輪車を運転していたのはY1であった旨主張し、自賠法3条に基づきY1に対して損害賠償（損害合計770万5250円の内金である770万円を、Xらにつき各2分の1宛である各金385万円及びこれに対する訴

---

[73] 一部認容判決がなされた場合は、当事者双方に控訴の利益があり、実際、双方ともが控訴することは少なくありません。この場合、当事者双方が控訴人かつ被控訴人になっていますから、控訴審の審理を進める上で、当事者の呼び方をどうするかが問題になりますが、実務上は、便宜、「1審原告」「1審被告」という呼び方で手続を進めているようです。

第2部　判例読解の部

状送達の日の翌日である昭和56年12月23日から支払済みまで民法所定年5分の割合による遅延損害金）を請求した事件である。

2　XらのY2に対する請求（岡山地方裁判所昭和59年（ワ）第398号［乙事件］）

本件は、本件自動車と衝突事故を起こした本件二輪車に乗車していて死亡したAの父母であるXらが、自賠法3条（人損につき）及び民法709条（物損につき）に基づき、本件自動車を運転していたY2に対して損害賠償（損害合計1123万9250円の内金811万円を、Xらにつき各2分の1宛である各405万5000円及びその内金369万円に対する不法行為の日の翌日である昭和56年7月29日から支払済みまで民法所定年5分の割合による遅延損害金）を請求した事件である。Y2は、本件二輪車を運転していたのはAである旨主張し、過失相殺（抗弁）を主張している。

3　Y1のXらに対する請求（岡山地方裁判所昭和56年（ワ）第938号［丙事件］）

本件は、Y1がXらに対し、甲事件の提起が不法行為に当たる旨主張して、民法709条に基づき損害賠償（損害金135万円及びこれに対する不法行為の日［甲事件提起の日］の翌日である昭和56年12月12日から支払済みまで民法所定年5分の割合による遅延損害金）を請求した事案である。

二　（争いのない事実等）

＜証拠略＞

1　Y2は、昭和56年7月28日午後6時50分頃、岡山市築港新町一丁目18番5号先の信号機による交通整理の行われている交差点において、Y2が所有し、自己のために運行の用に供する本件自動車を運転して立川町方面からあけぼの町方面に向け、青色信号に従って右折する際、対向車線を郡方面から立川町方面に向け直進進行してきたA（昭和38年12月20日生、当時岡山日大高校3年生）及びY1（昭和38年4月25日生、当時岡山理大付属高校3年生）の乗車する本件二輪車（登録はD名義であり、D'が所有する。）と衝突して転倒させ、その結果、Aは、腹部、胸部外傷等の傷害を受け、同日午後10時57分頃搬送先の岡山労災病院において大量内出血により死亡した＜証拠摘示を省略（以下同様）〜引用者＞。

2　XらはAの父母であり、Aの本件事故による損害賠償請求権を相続し、自賠責保険から2000万円を受領した。

3　Xらは、昭和56年12月11日、Y1に対し、本件二輪車の運転者がY1であり、同乗者がAであった旨主張して、本件損害賠償請求訴訟［甲事件］を提起した。

しかるに、本件事故を捜査した岡山南警察署は、本件二輪車の運転者はAであり、Y1は同乗者であったとして事件を送検しており、岡山地方検察庁も、同月16日、Aを業務上過失傷害罪の被疑者とした上、被疑者死亡を理由として同人を不起訴処分とした。

三　（主な争点）

1 〔甲事件〕
　主な争点は、〔1〕本件二輪車の運転者がY1とAとのいずれであったかであり、〔2〕仮に本件二輪車の運転者がY1であったとすれば、次に、損害額が争点となる。
2 〔乙事件〕
　主な争点は、請求原因のうちの損害額、並びに、抗弁の過失相殺の認否（本件二輪車の運転者がY1とAとのいずれであったか）及びその程度である（Y2は、過失相殺の抗弁を主張し、本件二輪車の運転者はY1ではなくAであり、Aには著しい速度違反、前方不注視及び安全運転義務違反の過失があったから、その過失割合は5割を下らない旨主張する。）。
3 〔丙事件〕
　主な争点は、〔1〕Xらが、刑事手続において警察及び検察により本件二輪車の運転者がAであるとの判断がされており、これを覆すに足りる確たる証拠もないままに、また、本件二輪車の運転者がY1ではないことを容易に知り得べき事情があったのに、単にY1に対し損害を加えることを目的として本件損害賠償請求訴訟（甲事件）を提起したのか否か、すなわち、甲事件の提起が公序良俗に反するか否かであり、〔2〕仮に、Xらによる甲事件の提起が不当訴訟（不法行為）であるとすれば、次に、Y1の損害額が争点となる。

第三　争点に対する判断
一　本件二輪車の運転者〔甲・乙・丙事件〕
　1　本件事故前後の状況等
　＜証拠摘示省略＞によれば、〔1〕昭和56年7月28日（本件事故当日）午後7時前頃、Aの友人であるD'の自宅に集まったD'、A、Y1、E、F外2名は、岡山市並木町にある喫茶店「ホンキートンク」に行くことになり、AがD'から本件二輪車を借りた上、A（身長165センチメートル）が白色ポロシャツ、エンジ色に白色縦線入りズボンに青色ヘルメット、Y1（身長175センチメートル）が紫色のTシャツ、紺色ジャージズボンに白色ヘルメットといういでたちで、Aが本件二輪車の運転席に乗り、Y1がその後部座席に同乗したこと、〔2〕Eが運転してFが後部座席に同乗した自動二輪車が出発したのに続いて、間もなくAの運転する本件二輪車も出発したこと、〔3〕E運転の自動二輪車がD'宅を出発して本件事故現場に至る途中、南北に直線に延びる道路を時速約80キロメートルで北に進行中、運転席のEと後部座席のFがそれぞれ後方を振り返ったところ、約100ないし200メートル後方を、出発のときと同じ青色ヘルメットを被ったAの運転する本件二輪車が追従してきており、本件事故現場から南へ約300メートルの地点にある交差点を右折して追従してくるのが見えたこと、〔4〕EとFは、本件事故現場を通過して北へ約200メートルの地点にある交差点で停止して再度後方を振り返った際、本件

第2部　判例読解の部

事故の発生に気付いたことがそれぞれ認められ、右認定を覆すに足りる証拠はない。

　右認定の本件事故に至るまでの状況、すなわち、E及びFが後方を振り返って本件二輪車をAが運転して追従していることを確認し、時速約80キロメートルで約300ないし400メートルを走行して再度振り返って本件事故の発生に気付くまでの僅かな時間の間に本件事故が発生しており、その間に本件二輪車の運転者がAからY1に交代することが事実上不可能であると認められるという状況によれば、本件事故の際本件二輪車を運転していたのはAであるものと推認することができる。

　ところで、本件事故現場に居合わせたBは、＜証拠略＞及び当審において、〔1〕本件二輪車の運転者が白色ヘルメットを被っていた、〔2〕後部座席の同乗者が赤っぽい色に白色縦線が入ったズボンを穿いており、小柄で運転者にしがみついている感じであった旨、本件二輪車の運転者がY1であったことを推認させる供述をしているけれども、当審における供述によれば、Bは、衝突の瞬間は見ていない上、本件二輪車に乗車したA及びY1を目撃した時間も一瞬に過ぎないことが認められ、また、右〔1〕、〔2〕についても、＜証拠略＞においては、わからない旨答えているなど供述が変遷していることを踏まえれば、前記認定を覆すに足りないものと言うべきである。また、同じく事故現場に居合わせたCは、＜証拠略＞において、右〔1〕、〔2〕のほか、「ぶつかった瞬間後ろに乗っていた人が左に飛ばされた」旨、＜証拠略＞においては、後部座席の同乗者がエンジ色のズボンを穿いていた旨、いずれも本件二輪車の運転者がY1であったことを推認させる供述をしているけれども、Cの＜証拠略＞及び当審における供述によれば、衝突音がした後本件事故現場を見たものであって、衝突の瞬間は見ておらず、右〔1〕、〔2〕の点も見ていないこと、エンジ色のズボンを穿いていたのが運転者か同乗者かもわからないこと、右〔1〕、〔2〕と同旨の内容が記載された陳述書にはXから頼まれるまま署名押印したにすぎないことが認められるのであるから、前記認定を覆すに足りないものと言うべきである。さらに、当審において、本件二輪車の後部座席の同乗者のズボンの色が赤であった旨の作成日付けのないG作成名義の陳述書が提出されているけれども、にわかに措信し難く、前記認定を左右しない。

　また、＜証拠略＞によれば、本件事故後、Y1が本件事故現場近くの天満屋ハピータウン岡南店内のトイレに駆け込み、Y2、Y1の友人H等が呼び掛けてもなかなか出てこなかったことが認められ、これは一見やや不自然な行動とみられるけれども、同時に右証拠によれば、Y1は、衝突のショックにより路面に投げ出されたが、すぐ気がついて起きあがり、Aが血を流して倒れているのを見て、救急車を呼ぼうと右ハッピータウンの公衆電話の方へ向って横断歩道を渡ったが、このとき、救急車は呼んだという女の人の声が聞こえたもののY1は吐き気がしたのでそのままハッピータウン内のトイレに駆け込んだものであって、故意にトイレの中に隠れたものではなかったことが認められるので、

右事実も前記認定を左右するものではない。
 2 自動車工学等に基づく鑑定

鑑定の結果（鑑定人江守一郎、同樋口健治）によれば、本件自動車及び本件二輪車の損傷の部位及び程度、本件自動車の付着物、ヘルメットの損傷の部位及び程度、A 及び Y1 の負傷の部位及び程度、本件事故現場のスリップ痕、A 及び Y1 の転倒位置等の状況に、自動車工学の知見を適用すれば、本件二輪車の運転者は A と推定されることが認められ、本件二輪車の運転者が A であるとの前記認定が自動車工学の知見に何ら矛盾しないことが認められる。

これに対し、鑑定人上山滋太郎は、鑑定及び当審における証言において、主として法医学の観点から、本件二輪車の運転者は Y1 であったと考える方が整合性が高い旨判断し、その主な根拠として、Y1 の〔1〕右腰部痛、〔2〕左手の突き指、〔3〕右側腹部の打撲傷の存在を指摘している。しかしながら、同鑑定人が、〔1〕右腰部痛は、平坦な路面で生じたものではなく、A の右肩付近ないし顔面（ヘルメット）に衝突した打撲によるとする点、〔2〕左手の突き指は、本件二輪車の左ハンドルグリップが本件自動車の左前部ドアに接触した際生じたものであり、A の左手には突き指がなかったとする点、は右側腹部の打撲傷は、本件二輪車の前面構造物との衝突ないしは右ハンドルとの衝突により生じたとする点のいずれについても、根拠に乏しく、論理の進め方に飛躍があり到底是認できない。同様に、同鑑定人が、〔4〕Y1 が軽症で A が重症であったのは、A が同乗者であったため本件自動車に衝突し、Y1 は運転者であったためそれよりも一瞬早く飛び出し、本件自動車の左側面と擦過的な衝突のみで済んだためであるとする点についても、何ら的確な根拠を示していない。結局、同鑑定人の鑑定及び証言は、本件二輪車の運転者が A であるとする前記認定を左右するものたり得ない。
 3 結論

以上によれば、本件二輪車の運転者は A であり、Y1 は後部座席に同乗していたものと認められる。

二 A の損害額［乙事件］（X らの主張額 1123 万 9250 円）
 1 逸失利益（主張額 1812 万 9250 円［当審において主張を改めた。］）1812 万 9250 円

A は、昭和 38 年 12 月 20 日生まれで、本件事故当時 17 歳の男子高校生であり、昭和 58 年 4 月（19 歳）には就職予定であった＜証拠略＞。

ところで、昭和 56 年賃金センサス第 1 巻第 1 表産業計・企業規模計・学歴計の 19 歳男子労働者の年間平均給与額は 158 万 7500 円、本件事故当時の 17 歳から 67 歳までの就労可能年数 50 年に対応する新ホフマン係数は 24.701、右 17 歳から就労開始年齢までに 2 年に対応する新ホフマン係数は 1.861 であり、生活費控除割合は 50 パーセントが相当であるから、A の逸失利益は、左記計算式のとおり 1812 万 9250 円と認めるのが相当

第 2 部　判例読解の部

である。
$$1{,}587{,}500 \times (24.701 - 1.861) \times 0.5 = 18{,}129{,}250$$

2　慰謝料（主張額 1200 万円）　900 万円

諸般の事情を総合考慮すると、A の死亡による慰謝料は、900 万円と認めるのが相当である。

3　本件二輪車の破損（主張額 38 万円）

A が本件二輪車の破損により損害を受けた事実を認めるに足りる証拠はない（既に認定したとおり、本件二輪車は、D' の所有［登録名義は D］である。）。

4　弁護士費用（主張額 73 万円）

本件二輪車の運転者が A であったことは既に認定したとおりであり、後に説示するとおり、過失相殺の結果 A の他の損害項目については既に填補済みであるから、弁護士費用を損害として計上することはできない。

5　損害の填補　2000 万円

X らが、自賠責保険より 2000 万円の填補を受けたことは当事者間に争いがない。

三　過失相殺［乙事件］

＜証拠略＞によれば、〔1〕本件事故の現場は、南北に通ずる片側二車線の道路と東西に通ずる東方向片側一車線、西方向片側二車線の交差する見通しの良い交差点であり、付近の制限速度は時速 40 キロメートルであったこと、〔2〕Y2 は、本件自動車を運転して時速約 40 キロメートルで走行し、北から本件事故現場に差し掛かり、対面青色信号を見て、右折の合図を出しながら減速し、交差点北側入口で対向車のないことを確認したが、その後は、右折先の道路状況に気を取られ、対向車線の安全を確認しないまま時速 15 ないし 20 キロメートルで右折を開始したこと、〔3〕A は、本件二輪車の後部座席に Y1 を同乗させて運転し、制限速度を大幅に超える時速約 80 キロメートルで南から本件交差点に差し掛かり、やや減速したのみで直進しようとしたところ、交差点南側入口手前で自車の進路上に対向車線から本件自動車が右折進入してきたのを発見し、あわてて急制動の措置をとったが間に合わず、自車の前部を右折途中の本件自動車の左側面後部に衝突させ、本件事故が惹起したことがそれぞれ認められる。

右認定の事実関係によれば、本件事故について、Y2 には前方不注視及び対向車に対する安全確認義務違反の過失が存する一方、A にも著しい速度違反、前方不注視、対向右折車に対する安全確認義務違反の過失があるものと認められ、現場の道路状況や双方の過失の内容程度を総合勘案すると、本件事故における双方の過失割合は五分五分と認めるのが相当である。

すると、Y2 が X らに賠償すべき損害額は、前記認定の損害額合計 2712 万 9250 円の 2 分の 1 である 1356 万 4625 円となるところ、前記認定のとおり、X らは既に自賠責保険

から 2000 万円の填補を受けているから、本件事故に関する Y2 の損害賠償債務は残存しないこととなる。

四　不当訴訟〔丙事件〕

　X らが甲事件を提起するに至った経緯について、＜証拠略＞によれば、〔1〕X は、昭和 56 年 7 月 28 日（本件事故の当日）、本件事故現場において実況見分中の警察官に対し、本件二輪車の運転者が A らしいこと、同人が重傷を負って岡山労災病院に搬送されて手当てを受けていること、本件二輪車の後部座席に同乗していた者が佐藤病院で手当てを受けていることをそれぞれ申告し、その後、佐藤病院に入院中の Y1 を見舞い、Y1 の父に対し、A が運転していて本件事故を起こして申し訳ない旨申し述べたこと、〔2〕X は、その後、本件事故直後 Y1 が近くのトイレに駆け込みなかなか出て来なかったことを聞き、その不自然な態度から見て本件二輪車の運転者は Y1 ではなかったのかとの疑念を抱くに至り、目撃証人捜しを始め、当時天満屋ハッピータウン岡南店でアルバイトをしていた B、C ら（同人らは、当時高校 3 年に在学中であった。）が、事故のころ付近のバス停でバスを待っていたことを知るに及んで、度々 B を訪ねた上、同年 8 月 24 日頃衝突自体は目撃しておらず、本件二輪車の運転者が A と Y1 とのいずれであるか自信のなかったのに、あたかも衝突の瞬間を目撃し本件二輪車の運転者が Y1 であったことが確実であるかのような陳述書を作成させ、C にも、陳述書の末尾に「ぶつかった瞬間後ろに乗っていた人が左に飛ばされた」旨虚偽の事実を記載させるなどの証拠収集活動を行い、本件事故について捜査を行っていた岡山南警察署に B、C 等四名の目撃者を参考人として聴取するよう申入れたこと、〔3〕岡山南警察署では、同年 7 月 28 日（本件事故当日）は Y2 の立会いを、同年 8 月 31 日には Y1 の立会いをそれぞれ得ていずれも本件事故現場の実況見分を行い、同年 8 月 7 日には X の立会いの下、本件自動車及び本件二輪車の損傷状況等の実況見分を行い、さらに X が申し入れた右 4 名を参考人として聴取するなど慎重な捜査を行い、うち 2 名は本件二輪車の運転者を特定するに足りる目撃をしていないこと、B 及び C の供述についても信用性に欠けることが判明したため、捜査資料を総合的に検討した上、結局本件二輪車の運転者は A との判断に至ったこと、〔4〕X は、岡山南警察署の捜査と並行して独自の証拠収集活動を行い、岡山南警察署の警察官からその行き過ぎを注意されても止めようとしなかったこと、〔5〕X らが甲事件を提起した昭和 56 年 12 月 11 日の時点で、本件二輪車の運転者が Y1 であることを示す証拠として収集し得ていたものは、B 及び C の前記陳述書のほか、本件二輪車の運転者は Y1 だと思う旨 Y2 が述べたとする吉田露男弁護士作成のメモに過ぎず、しかも、陳述書及びメモが信用性に乏しいことは甲事件を提起した時点で十分承知していたこと（陳述書が作成された経緯は前記認定のとおりであり、また、Y2 の証言によれば、Y2 は、衝突前本件二輪車に気付いておらず、本件二輪車の運転者が A と Y1 とのいずれであるかわからないこと、

Y2は、Xと吉田露男弁護士が面会に来た際、その旨を答えたことが認められる。)、〔6〕Xは、岡山南警察署から本件事故の捜査状況を聞いており、本件事故直後Y1がトイレに駆け込みなかなか出てこなかったことについても、それ自体は不自然といい得る行為であるから、当初疑念を抱いたことは無理からぬこととしても、遅くとも甲事件を提起した時点では、これが吐き気のためであって一応理由のある行為であったことをY1らから聞いて知っていたと思われること、〔7〕Xは、本件二輪車及び本件自動車の損傷の部位及び程度等に基づき、本件二輪車の運転者がY1であったとの推論を行っていたが、右推論は科学的な裏付けを持たない当て推量にすぎなかったこと（後に当審において本件二輪車の運転者をY1と推定する専門家による法医学鑑定〔鑑定人上山滋太郎〕が出されたが、既に説示したとおり右鑑定は根拠に乏しく、また、Xらが右鑑定を一つの根拠として甲事件を提起した訳でもない。)、〔8〕X'も、甲事件を提起した時点において、それまでのXの活動や収集し得た証拠の内容、岡山南警察署の捜査の状況、判断等についてXから聞いて承知していたと思われること、〔9〕Xらは、甲事件を提起した時点において、本件事故の捜査を担当した岡山南警察署が慎重な捜査の結果、本件二輪車の運転者をAと判断していることを承知しており、送検をうけた岡山地方検察庁においても早晩同じ判断が示されることを十分予想し得たことがそれぞれ認められる。

　右認定の事実関係によれば、確かに、XらがY1に損害を加えることのみを目的として甲事件を提起したものとまでは認められないものの、本件二輪車の運転者がY1であったと特段の根拠もないまま思い込み、被害感情に駆られ、本件事故の捜査を担当した岡山南警察署が慎重な捜査の結果本件二輪車の運転者をAと判断し、事件の送致を受けた岡山地方検察庁も早晩同じ判断を示すことが十分予想し得たにもかかわらず、この判断を覆すに足りる的確な証拠を全く所持しないまま、したがってまた、勝訴する見通しもなかったにもかかわらず、甲事件を提起したことが認められる。

　このようなXらの甲事件の提起は、もはや裁判を受ける権利の正当な行使とは言えず、不当訴訟として不法行為に当たるものと言うべきである。

五　Y1の損害額〔丙事件〕

1　弁護士費用（請求額35万円）　35万円

　弁論の全趣旨によれば、Y1は、甲事件の応訴のため代理人と訴訟委任契約を締結し、着手金として35万円を支払ったことが認められる。そして甲事件の事件の性質、難易度、請求金額、訴訟の経緯等諸般の事情を総合考慮すれば、右35万円は本件不当訴訟（不法行為）と相当因果関係のある損害であると認められる。

2　慰謝料（請求額100万円）　100万円

　前記認定の事実関係、特に、本来被害者としてXらに対し損害賠償を請求できる立場にありながら、逆にXらから本件二輪車の運転者であったとの汚名を着せられ長時間甲

> 事件の対応を余儀なくされた等諸般の事情を総合勘案すれば、Y1は少なからぬ精神的損害を受けたものと認められ、これに対する慰謝料は100万円と認めるのが相当である。
>
> 第四　結論
>
> 　以上の次第で、Y1の請求［丙事件］は理由があるからこれを認容すべきであり、XらのY1, Y2らに対する各請求［甲事件及び乙事件］は理由がないからこれらを棄却すべきであって、これと同旨の原判決は相当である。
>
> 　よって、本件各控訴はいずれも理由がないからこれらを棄却し、控訴費用の負担につき民訴法95条、89条、93条を適用して、主文のとおり判決する。

　控訴審は、第1審と同様に事実審であるとともに、控訴審の審理は第1審における審理を引き継いで続行するものとされていますから（続審制）、当事者は新たな事実を提出し、必要とあればそれを証明するための証拠を提出することができます。もっとも、判決文を読む限り、今回のケースでは、第1審で主張された事実に加えて新たな事実が主張されたことはないようです。ただし、この判決文も新様式で書かれているため、当事者の主張した事実と裁判所が判断の基礎にした事実とを厳密に対比検証することは断念せざるをえません。理由については、争点を特定したうえで、そのそれぞれについて判断を示していますが、いずれも、結論において第1審と異なるところはありません。

　なお、控訴審の判決文では、第1審の判決文の事実及び理由を引用することが認められています（民事訴訟規則184条）。したがって、控訴審は、第1審判決の説示を下敷きにしつつ、必要に応じてそれを改める、削る、何か付け加えることを書き出す、という形で判決を書くことが非常に多くなっています。確かに、判決文を書く際に、ほぼ同じ内容の文章をもう1回最初から起こすのが手間なのは間違いなく、特に、ワープロが普及していなかった時代が長かったことを思うと、これはこれで合理性があったと言えます。しかし例えば、原判決○頁の○行目から×行目までを次のとおり改めるとか、○頁×行目の「何々」の次に「○○○」を加えるとかの、いわば「切り貼り」の連続になると、控訴審判決は読み手には、一見しただけではさっぱりわからないものになってしまいます。このような判決文に出くわした場合には、読み手としては、第1審判決と引き比べながら読んでいくしかありませんが、ワープロ書きで文書を作成することが普通になっている昨今であれば、書き手の側も発想を変える時期ではないかという気もします。

第2部　判例読解の部

第4項　上告理由・上告受理申立て理由

　上告理由・上告受理申立て理由[74]についても整理するのが望ましいことは確かなのですが、往々にして必要以上に長ったらしいもの、趣旨が不明のものもありますので、初めから大真面目になって読むと、挫折する原因になります。最初のうちは、上告裁判所が判断を示した部分に関連するところだけをざっと読めば十分でしょう。もっとも、特に今回のケースのように、上告裁判所が上告に理由ありとして、原判決を破棄しているようなときは、その理由に関連する部分をきちんと読んだ方がいいです。場合によっては、上告理由と上告裁判所の示した理由づけとで、若干ニュアンスが違うこともありますし、上告理由の中に、そのケースで問題となっている法律問題について検討を深めるための手がかりとなることが見つかるかもしれないからです[75]。以下は、今回のケースの上告理由のうち、上告裁判所が理由ありとした「第三」の部分です。

例2-4-13　上告理由の抜粋

> 第三　原判決は、XらがY1らに対し本件訴訟を提起したことにつき不当訴訟として不法行為責任を肯認する旨判示したが、従前の判例と相反する判断を示しており、判決に影響を及ぼすことが明らかな法令の違背がある。
> 一　原判決は、Xらが本件訴訟を提起したことにつき、訴訟提起に至る経緯を縷々述べたうえ、「右認定の事実関係によれば、確かに、XらがY1に損害を加えることのみを目的として訴訟を提起したものとまでは認められないものの、本件二輪車の運転者がY1であったと特段の根拠もないまま思い込み、被害感情に駆られ、本件事故の捜査を担当した岡山南警察署が慎重な捜査の結果本件二輪車の運転者をAと判断し、事件の送致を受けた岡山地方検察庁も早晩同じ判断を示すことが十分予想し得たにもかかわらず、こ

---

[74] 民事事件の場合、最高裁に上告をすることができるのは、判決に憲法違反がある場合か、訴訟手続に重大な法律違反がある場合だけです（民事訴訟法312条）。原判決の法令違反は、法令の解釈に関する重要な事項を含む場合に限り、上告受理申立ての理由になり（民事訴訟法318条）、その事件について上告審の審理・判断を受けることができるかどうかは、最高裁の裁量によります。最高裁が上告受理申立てを容れて、上告審として審理・判断をする場合には、上告受理決定がされ、上告受理申立てを上告理由とみなして、上告審における審理が行われます。

[75] 民事訴訟の上告理由、上告受理申立て理由、抗告許可申立て理由で、判決が最高裁判所の判例（それがない場合は、大審院または高等裁判所の判例）と相反する判断をしたことを主張する場合には、その判例を具体的に示すことが要求され（民事訴訟規則192条、199条2項、209条）、刑事訴訟の上告についても同様です（刑事訴訟規則253条）。これらの記載は、当該のケースと過去の判例との相互関係を検討する手がかりを提供してくれます。

第4章　判例の読解——応用編

の判断を覆すに足りる的確な証拠を全く所持しないまま、したがってまた、勝訴する見通しもなかったにもかかわらず、訴訟を提起したことが認められる。このようなXらの訴訟の提起は、もはや裁判を受ける権利の正当な行使とは言えず、不当訴訟として不法行為に当たるものと言うべきである。」旨判示したが、独断偏見による誤った判断であるのみならず、従前の判例と相反する特異な判断を示しており、法令に違背する。

二　原判決は、Xらが「特段の根拠もないまま」運転者がY1であったと思い込んだ旨言うが、既に述べたとおり、事故後ある段階で事故現場に居合わせた前記B、Cらのいることを知り、同女らから目撃状況を聞くに及んで、運転者がAでなく、Y1ではないかと思うようになり、警察にもその面の捜査を尽くすよう要請するとともに、車両等の保存、痕跡の検討など独自の調査を始めるに至ったのであり、決して「特段の根拠もないまま」思い込んだわけではない。後日、控訴審段階であったとは言え、鑑定人上山滋太郎の鑑定結果によっても運転者がY1出あった旨の結論が出されているのである。XらがA運転説に疑念を抱いたのは当然であって、これを不当として非難することは許されない。

　また、原判決は、「事件の送致を受けた岡山地方検察庁も早晩同じ判断を示すことが十分予想し得たにもかかわらず、この判断を覆すに足りる的確な証拠を全く所持しないまま」訴訟提起した旨言うが、通常人を基準にする限り、検察庁の処分結果がどうなるかまで予想し得るはずはないし、法的には素人ながらも何とか的確な証拠を得るために努力していたのであって、これを非難することは相当でない。

　Xらは、法律の専門家である弁護士に相談した結果、加害者に対する損害賠償請求権のあることを知り、その正当な行使として訴訟手続一切を弁護士に委任して本件訴訟を提起したのであって、自己に権利のないことを知りながら相手に損害を加えるために、または当該紛争解決以外の目的のために訴訟提起に及んだものでもない。

三　訴訟提起が不法行為になるか否かにつき、次のような判例がある。

1　訴による不法行為が成立するためには、単にそれが結果として敗訴に帰したというだけでは足りず、訴がそれ自体として違法性を帯びていること、すなわち提訴者が請求権の不存在を知りながら、他の不法な意図目的のためにあえて訴の手段に出た場合か、または提訴者が請求権の不存在を知らなかったことにつき、著しく非難されてもやむを得ないような重大な過失が存する場合に限定されるべきである——仮処分が違法とされた場合の、その本案訴訟の提起が不法行為に当たらないとされた事例。

（昭和49年1月25日名古屋地民4判・昭和42年（ワ）692号・時報746号70頁・タイムズ311号49頁）

2　訴を提起した者が結果的に敗訴の判決を受け確定したとしても、そのことから直ちに訴えの提起が故意または過失によるということはできず、提訴者が自己に権利のないことを知りながら相手方に損害を与えるため、または当該紛争解決以外の目的等の

> ため訴提起の手段に出た等のことが立証されてはじめて、訴提起に故意または過失があったというべきである。
> 　（昭和53年10月11日東高民5判・昭和52年（ネ）1053号、時報917号63頁・タイムズ374号105号(ママ)・金融商事566号26頁）
> 3　不当訴訟が不法行為となるか否かの判断に当たり、弁護士に委任して訴を提起した場合には、特段の事情がない限り、訴訟物たる権利または法律関係の存否に関する依頼者本人の故意、過失は、一応否定的に推定するのが妥当である。
> 　（昭和56年10月22日東地民25判・昭和55年（ワ）3319号、時報1036号91頁・タイムズ466号136頁）
> 　原判決は、右判例と相反する判断を示しており、到底是認するわけにはいかない。
> 　本件訴訟の提起を不当訴訟としてXらに不法行為責任を軽々に肯認する原判決は、法律に従い、裁判所において平穏に紛争を解決しようとするXらの正当な権利の行使を封ずるものであって、法治国家の理念に反し、正義に反する。
> 　以上明らかにしたとおり、原判決には明らかな違法があり、これを破棄しなければ著しく正義に反すると考えられるので、原判決を破棄されたい。

第5項　上告裁判所の裁判

最後に、表2-4-3の⑩（最判平成11・4・22）を見ておきましょう。

例2-4-14　上告審判決の主文の例（最判平成11・4・22）

> 　　　　　　主　　文
> 　被上告人Y1の反訴請求に関する部分につき、原判決を破棄し、第一審判決を取り消す。
> 　被上告人Y1の反訴請求を棄却する。
> 　上告人らのその余の上告を棄却する。
> 　前項の部分に関する上告費用は上告人らの負担とし、その余の部分に関する訴訟の総費用は被上告人Y1の負担とする。

　この部分は、上告の申立てに対する応答の結論部分です。今回のケースは、Xらの控訴を棄却した原判決に対して、Xらが上告を提起したわけですが、上告審裁判所はまず、Y1の反訴請求に係る部分についてのみ、上告を容れて、原判決を破棄しました。その上で、上告裁判所自ら、控訴の申立てに対する応答として、第1審判決を取消し、さらに、反訴の申立てに対する応答として、請求棄却の判断をしています。

例 2-4-15 上告審判決の理由の例（最判平成 11・4・22）

理　由

「上告代理人山下一盛の上告理由第一及び第二について

　本件のうち X らの本訴請求は、X らの子である A と Y1 が乗車した自動二輪車（以下「本件自動二輪車」という。）が Y2 運転の普通乗用自動車と衝突し、A が死亡した交通事故（以下「本件事故」という。）について、X らが本件自動二輪車の運転者は Y1 であったとして、Y1, Y2 ら両名に対し、自動車損害賠償保障法 3 条に基づく損害賠償を求めるものである。本件事故当時、本件自動二輪車を運転していたのは A であったとした原審の認定判断は、原判決挙示の証拠関係に照らし、正当として是認することができ、その過程に所論の違法はない。論旨は、原審の専権に属する証拠の取捨判断、事実の認定を非難するものであって、採用することができない。そうすると、X らの Y1, Y2 らに対する本訴請求は理由がないとした原審の判断は正当であって、X らの本件上告のうち本訴請求に係る部分は理由がない。

同第三について

一　本件のうち Y1 の反訴請求は、X らの本訴提起は、本件自動二輪車の運転者が A であったことを容易に知り得べき事情があったのに、単に Y1 に対して損害を与えることを目的としてしたものであるとして、X らに対し不法行為に基づく損害賠償を求めるものである。

二　原審は、前記のとおり本件自動二輪車の運転者は A であったと認定した上、X らは、専ら Y1 に損害を与えることのみを目的として本訴を提起したとまでは認められないものの、本件自動二輪車の運転者が Y1 であったと特段の根拠もなく思い込み、被害感情に駆られ、本件事故の捜査を担当した警察署が運転者は A であったと認定し、事件送致を受けた検察庁においても早晩同じ判断がされることを十分予想し得たにもかかわらず、これを覆すに足りる的確な証拠を持たず勝訴の見通しもないまま、Y1 に対して本件提訴をしたものであるから、本訴の提起は裁判を受ける権利の正当な行使とはいえず不法行為に当たると判断して、Y1 の反訴請求を認容すべきものとした。

三　しかしながら、原審の右判断は是認することができない。その理由は、次のとおりである。

1　法的紛争の当事者が紛争の解決を求めて訴えを提起することは、原則として正当な行為であり、訴えの提起が相手方に対する違法な行為といえるのは、当該訴訟において提訴者の主張した権利又は法律関係が事実的、法律的根拠を欠くものである上、提訴者が、そのことを知りながら又は通常人であれば容易にそのことを知り得たといえるのにあえて訴えを提起したなど、訴えの提起が裁判制度の趣旨目的に照らして著しく相当性を欠くと認められるときに限られるものと解するのが相当である（最高裁昭

第2部　判例読解の部

> 和60年（オ）第122号同63年1月26日第3小法廷判決・民集42巻1号1頁参照）。
> 2　これを本件についてみるに、原審の適法に確定した事実関係によれば、本件事故当時、Aは青色ヘルメットとえんじ色で白色縦線が入ったズボンを、Y1は白色ヘルメットと紺色ズボンをそれぞれ着用していたところ、現場付近に居合わせて事故直前の本件自動二輪車を目撃したBは、事情聴取をした警察官及びXそれぞれに対し、本件自動二輪車の運転者のヘルメットは白色で後部座席の同乗者のズボンは赤っぽい色に白色縦線が入っていた旨を明確に述べ、原審においても同様の供述をしており、また、同じく現場付近に居合わせたCも、警察官に対し、これに沿う供述をしているというのであるから、本件自動二輪車の運転者はY1であるとのXらの主張には、これを裏付ける証拠が皆無であったとはいえない。したがって、Xらが特段の根拠もないままY1が運転者であったと思い込んだということはできない。まして、本件事故によってAのみが死亡し、同人の供述は全く得られないのであるから、事故当時、現場におらず、事故状況を知り得なかったXらが、Y1や当時一緒に行動していた友人らの供述を容易に信用せず、前記の証拠をもって捜査機関の認定と異なる認定を前提に本訴を提起するに至ったことには無理からぬものがある。殊に本件は、事故現場の状況、本件自動二輪車の損傷状況、A及びY1の負傷の状態などの客観的証拠から運転者を特定することが必ずしも容易ではない事案というべきであり、現に、本件においては、第一審、原審において合計3回の鑑定が行われているところ、その鑑定結果の中にはXらの主張に沿うものも存在するのである。
> 　以上によれば、本件において、Xらが、捜査機関が運転者をAと認定したことを知っていたからといって、Y1に対する損害賠償請求権を有しないことを知りながら又は通常人であれば容易にそのことを知り得たのにあえて本訴を提起したとは認められないから、Xらの本訴提起は、いまだ裁判制度の趣旨目的に照らして著しく相当性を欠くものとはいえず、Y1に対する違法な行為とはいえないというべきである。
> 四　そうすると、右とは異なり、Xらの本訴提起が不法行為に当たるとしてY1の反訴請求を認容すべきものとした原審の判断には、法令の解釈適用を誤った違法があり、この違法は原判決の結論に影響を及ぼすことが明らかである。論旨は理由があり、原判決中、Y1の反訴請求に関する部分は、破棄を免れない。そして、右に説示したところによれば、Y1の反訴請求は理由がないから、これを棄却すべきであり、第1審判決中、反訴請求に関する部分を取消し、Y1の反訴請求を棄却することとする。
> 　よって、裁判官全員一致の意見で、主文のとおり判決する。
> （裁判長裁判官　大出峻郎　裁判官　小野幹雄　裁判官　遠藤光男　裁判官　井嶋一友　裁判官　藤井正雄）

　今回のケースは、三　1のところにおいて、訴えの提起が不法行為となるのが

いかなる場合であるかについての一般命題とともに、前節で紹介した昭和63年判決を引用しています。したがって、結局これは、昭和63年判決の立てた一般命題が等しく妥当することを前提に、その適用によって結論を導いた事例判断である、ということになります[76]。

第6項　その他の留意点

今回のケースでは、最高裁による原判決の破棄によって、控訴の申立てに対する応答が消滅し、最高裁が控訴の申立てに対する応答を自ら示すこと（自判）で事件を決着させています。これに対して、差戻し判決がなされたときは、下級審での審理・裁判がやり直されることになりますので、単純に3回の裁判で最終的な決着がつくわけではありません[77]。したがって、差戻し後の裁判の経過も可能なかぎりフォローしなければなりません。なお、ある事件について上級審の裁判所がした判断は、その事件について下級審の裁判所に対して、これに反する判断を許さないという拘束力を持ちます（裁判所法4条）。

---

[76] ちなみに、昭和63年判決の立てた一般命題の適用によって結論を導いた事例は、その後さらに最高裁レベルでは、最判平成21・10・23判時2063号6頁、最判平成22・7・9判時2091号47頁の2件が公表されています。

[77] 差戻し後の審理を経てなされた裁判に対して、さらに上訴が提起される場合もあり、これが繰り返されると、事件はエレベーターのように各審級の裁判所を上下します。そのような事例としては、次のケースがあります（下級審段階の判決は、それぞれ民集に掲載されています）。
　第1審判決：東京地判昭和27・9・7
　第1次控訴審判決：東京高判昭和29・9・17
　第1次上告審判決：最判昭和32・12・6民集11巻13号2078頁
　第2次控訴審判決：東京高判昭和34・5・30
　第2次上告審判決：最判昭和38・2・26民集17巻1号248頁
　第3次控訴審判決：東京高判決昭和40・9・29
　第3次上告審判決：最判昭和43・12・5民集22巻13号2876頁

第5章 さらに進んだ判例学習のために

第1節 判例評釈のありか

　判例評釈は、判決・決定を対象として取り上げ、その紹介、解説、批評をする目的で、判決・決定をした裁判官以外の人が執筆する論稿です[78]。わが国では判例研究が、法学の研究手法のひとつとして確立しているため、その研究成果として数多くの判例評釈が公表されています。執筆者は、その分野の研究者が多いですが、それに限らず、大学院生や弁護士、裁判官などが執筆することもあり、質・量ともにさまざまなレベルのものがあります。いずれにせよ、みなさんが評釈の対象とされている判例を理解するのを助けることは間違いないですから、判例の読解に行き詰まった場合に参照することはとても有益なことでしょう。また、判例研究の形で進められる実定法科目の演習（ゼミ）に参加する場合には、報告を担当するかどうかとは関係なく、検討対象となる判例そのものだけではなく、主要な評釈にもあらかじめ目を通して、問題状況を整理し、報告者のプレゼン後の討論に備えるべきです。そうだとすると、特に実定法科目の演習（ゼミ）に参加する前に、判例評釈が掲載される媒体にはどのようなものがあるか、また各種の媒体によって掲載される判例評釈にどのような特徴があるかを把握しておくと、演習（ゼミ）に備えたリサーチの手がかりを容易につかむことができ、非常に便利です。

第1項　ジュリスト臨時増刊　〇〇年度重要判例解説

　昭和41年度から刊行が始まり、以前は6月に刊行されていましたが、現在では、4月に刊行されています。過去1年分の、主要な判例について、分野ごとに判例全般の動きを解説するとともに、いくつかの判例について、「判例百選シリーズ」と同じ体裁で紹介しています。判例百選シリーズは、必ずしもタイムリーに改訂されるわけではありませんから、最新の判例についてはこのシリーズで補充するのがベストです。カテゴリーは現在のところ、憲法、行政法、

---

[78]　なお、判例時報や判例タイムズのような判例雑誌では、判決・決定を紹介する部分の前にカコミがあり、簡単な匿名のコメントが付いていますが、これは判例評釈には含まれません。もっとも、公表されている判例評釈が極端に少ない判例についてゼミ等で研究をする必要が生じた場合のように、このコメントの中に引用されている関連判例や参考文献等を手掛かりにして資料を収集するほかない、という場合もあります。

第 5 章　さらに進んだ判例学習のために

民法、商法、民事訴訟法、刑法、刑事訴訟法、労働法、経済法、知的財産法、国際法、国際私法の 12 分野に区分されています。

第 2 項　判例セレクト〇〇

学生向け法律学習月刊誌である「法学教室」（有斐閣）の毎年 2 月号と 3 月号には、「判例セレクト〇〇（西暦下 2 けた）I、II」という別冊付録がつけられており、その前年中に下された、憲法、民法、刑法、行政法、商法、民事訴訟法、刑事訴訟法の各分野に関する主要判例が、それぞれ 10 件程度紹介されます。2009 年までは、3 月号の付録に憲法、民法、刑法が収録されているだけでしたが、2010 年からこれらが 2 月号の付録に移り、3 月号の付録に行政法、商法、民事訴訟法、刑事訴訟法を収録する形で、対象分野が拡大されました。「判例百選」シリーズよりも簡潔な解説（B5 判 1 頁）が付されているので、判例百選シリーズを補完して、直近の重要判例を確認するためなどに利用すると便利です。なお 2013 年までの分が、「判例セレクト'86~'00」「判例セレクト 2001~2008」「判例セレクト 2009-2013 I, II」として合本されており、過去に公表された重要判例のインデックスとしても利用することができます。

このほか、法学教室の本体には、「判例クローズアップ」というコーナーがあり、各分野の最新の判例の紹介と解説が掲載されています。

第 3 項　法学セミナー増刊速報判例解説　新・判例解説 Watch

本誌は、学生向け法律学習月刊誌である「法学セミナー」（日本評論社）の年 2 回（4 月、10 月）の増刊号です。その直近の半年間に下された、憲法、行政法、民法（財産法）、民法（家族法）、商法、民事訴訟法、刑法、刑事訴訟法、倒産法、租税法、経済法、知的財産法、労働法、環境法、国際公法、国際私法の各分野（＝司法試験の試験科目にほぼ対応します）の重要判例とその評釈が掲載されています。本誌の性格や体裁は「ジュリスト臨時増刊　〇〇年度重要判例解説」と類似していますが、年 2 回刊行であること、創刊が 2007 年度であるためそれ以前の判例については使えないこと、などが相違点です。

第 4 項　ジュリストの「時の判例」コーナー

わが国の代表的な総合法律雑誌である「ジュリスト」（有斐閣）には、「時の

判例」というコーナーがあり、おもに民集・刑集に登載される判例について、担当の最高裁判所調査官の解説が掲載されています。次に説明する、法曹時報→最高裁判所判例解説と基本的に同一の執筆者が執筆しますから、そのダイジェスト版ということもでき、法曹時報→最高裁判所判例解説の概要を手っ取り早く把握するのに役立ちます。平成元年から平成23年までに掲載されたものについては、ジュリスト増刊「最高裁　時の判例Ⅰ～Ⅶ」として合本されています[79]。

なお、ジュリストには、「経済法判例研究会」「商事判例研究」「労働判例研究」「租税判例研究」「渉外判例研究」と題して、それぞれの法分野の判例研究会で報告された重要判例の評釈が継続的に掲載されているほか、「会社法判例速報」「独禁法事例速報」「知財判例速報」「租税判例速報」と題して、それぞれの分野の重要判例を見開き2頁で紹介・解説するコーナーがあります。さらに、2012年春から季刊で発行されているジュリスト増刊「論究ジュリスト」には、「刑事判例研究」のコーナーがあります。

第5項　法曹時報→最高裁判所判例解説

「法曹時報」（法曹会）という雑誌には、最高裁判所判例解説というコーナーがあり、民集・刑集に登載された原則としてすべての判例について、担当の最高裁判所調査官が個人的な見解に基づいて執筆した詳細な解説が掲載されます。そして、各年度の解説が出揃うと、『最高裁判所判例解説』という本（DVD版もあり）にまとめられます。この本は、判例集が民集と刑集とに分かれているのと同じく、民事編と刑事編に分かれています。この解説は、現在のところ、最も詳細な判例解説ですので、民集・刑集に登載されている判例を研究する場合、判決文それじたいに続いて、真っ先に参照すべきものと言えます。ただし、公表までにやや時間がかかるため、直近の判例を読む際には、参照することができない場合もあります。また、執筆者である調査官が判例の形成過程に極めて深く関与しているために、往々にしてこの解説の記述に強い権威があるかのように誤解されることがありますが、解説の内容はあくまで執筆者の個人的見

---

[79] ⅠからⅣまでに、平成元年から平成14年までになされた裁判が、分野別に整理されており、Ⅰは、公法編（憲法、行政法、税法、環境法、国際法）、Ⅱは、私法編（民法）、Ⅲは、私法編（商法、民事訴訟法、労働法、知的財産法、経済法、国際私法）、Ⅳは、刑事法編（刑法、刑事訴訟法など）となっています。Ⅴ以降は、平成15年から3年分ごとに全分野をまとめて発行されています。

第5章　さらに進んだ判例学習のために

解であることに注意する必要があります。さらに、この解説は往々にして必要以上に詳細なため、読み手であるみなさんとしては、これを読んだだけで判例そのものを理解したかのような錯覚に陥らないように警戒する必要もあります。

第6項　判例評論

月に1回、「判例時報」の1日号の付録[80]として発行され、研究者、実務家が執筆した各法分野の判例評釈が掲載されています。

第7項　法学協会雑誌

東京大学の先生を中心に構成されている法学協会の発行する、わが国で最も伝統のある法学系雑誌の1つで、ほぼ毎月刊行されています。民集に登載された判例について、研究者が執筆した評釈が掲載されています。

第8項　民商法雑誌

主に関西の民事法学者が編集委員を務めている、戦前からの伝統を誇る雑誌で、ほぼ隔月で刊行されます。主として民事法分野の論説、判例評釈が掲載されます。

第9項　法律時報別冊　私法判例リマークス

この雑誌は、私法分野の判例評釈を集めた雑誌として、平成元年に創刊されたものです。年2回の刊行で、民法、商事法、民事手続法、国際私法のカテゴリーに区別して判例評釈が掲載されています。

第10項　刑事法ジャーナル

この雑誌は、隔月刊で、毎号、刑事法分野における様々な論点・課題等をその特集として採り上げ、それに関する諸論稿を掲載するものですが、同時に、本誌の後半では各号とも、刑法、刑事訴訟法に関する最新の重要判例の紹介・

---

[80] 判例時報そのものは、月3回、1のつく日（1日、11日、21日）に発行されます。

評釈が大変充実しています。

第11項　その他

　法学部や法科大学院を設置している大学では、スタッフの研究成果を公開するための雑誌（紀要といいます）を独自に発行しており、判例評釈が掲載されることもあります。また、特定分野の専門雑誌にも、判例評釈が掲載されることがあります。

第2節　判例学習の成果を報告する

　判例研究の形で進められる実定法科目のゼミに参加する人は、判例について自分で勉強した成果を、口頭で報告したり、レポートの形にして提出したりすることが求められ、自分が報告をする回でなくても、検討対象とされている判例を、評釈をはじめとする関連文献とともに、予め丹念に読み込み、報告者の報告が終わってからの討論に積極的に参加しなければなりません。ゼミは、報告者がまとめてきた報告をもとに、担当の先生とやり合うことがすべてではありません。もちろん報告者がそれなりに準備をしておく必要があるのは当然ですが、それ以外のメンバーもそれ相応の準備をしてゼミに臨み、報告者の報告を受けて建設的な質疑を重ね、主体的に関与することによって、初めてゼミはゼミたるに値するものになります。そのような準備や心構えがないと、往々にして報告者以外のメンバーは先生と報告者のやりとりを眺めているだけとか、司会者に話を振られて、ひとことふたこと感想あるいは印象めいたことを話してお茶を濁すだけとかになってしまいます。これでは実質的に、報告をする回数分しかゼミに参加していないのと同じことでしょうから、とりわけ大所帯のゼミになればなるほど、得るものが少ないことにもなりかねません。

　このような認識に基づいて、以下では判例研究の形で進められるゼミに参加する場合に、いかなる準備をしておく必要があるか、また判例研究を文章の形でまとめるに際して、そこにいかなる内容を盛り込むことが期待されているかをまとめておきます[81]。ただし、ここでの説明は、みなさんに具体的なイメージをつかんでもらうためのひとつの例ですので、ゼミの担当の先生によっては

---

[81]　判例研究の執筆についての本格的な手引として、大村敦志・道垣内弘人・森田宏樹・山本敬三『民法研究ハンドブック』（2000・有斐閣）305頁以下を挙げておきます。

第 5 章　さらに進んだ判例学習のために

流儀が著しく異なる場合もあるかと思います。その場合は、本書の記述をもとに担当の先生にケンカを売るようなことはせず、担当の先生の指導を優先してください。また、著者の専門分野との関係で、主に民事法分野における判例を取り上げる場合の手法を念頭においていることをおことわりしておきます。

第 1 項　判例研究をする上での作業のあらまし

(1) 判例そのものの読解と整理

　ふつう、ゼミで判例研究をする場合、毎週、検討対象とする判例が 1 つ取り上げられます。つまり、ゼミに参加するみなさんとしては、**「検討対象とすべきものがあらかじめ与えられている」状態**にあります。この点は、テーマ（検討対象）を自分で設定しなければならないゼミに比べると、一見すると楽に見えますが[82]、目の前に「これ」を読んでこい、という形で確固として提示されている、検討対象自体の把握には、かなりのレベルのものが要求されます。例えば、同じ判例であっても、さまざまな解釈の可能性があることを前提として、視点を変えながら意味を探求するとか、関連問題とのつながりを踏まえて読む必要があるとか、そのくらいは当然のこと、比喩的に言えば、判例それ自体を、それこそ「穴のあくくらい」読み込む必要があります。

(2) 分析と展開

　例えば、みなさんが趣味で小説を読むことを考えると、基本的には、**「閉じた」読み**をしていることになります。つまり、ある小説を読むときに、別の小説との関係を考えるようなことは、ふつうはしません。もちろん、文学部あたりで専門として、例えば「夏目漱石文学の世界」とか、「白樺派文学の世界」とかのように、テーマを設定して読むなら別ですが、ふつうは目の前の小説の世界にどっぷりと浸かっておしまいまで読んだ、あーおもしろかった、さて、次は…。という感じでしょう。判例を読む場合も、その判例を単独で読み込むという (1) の段階では、それはまだ「閉じた」読みです。もちろん、この作業じたいは必要なことで、それがすべての原点になります。少なくとも講義の中

---

[82] 新学期になると本屋さんの店頭にたくさん置かれる「レポートの書き方・まとめ方」本は、レポートの書き手がテーマを自分で設定してレポートを作成する場合を念頭に置いて、大学新入生にその手ほどきをするために書かれている場合が多いようですが、判例研究をする際に応用可能なことも少なくありません。

第 2 部　判例読解の部

で取り上げられた判例を、講義の理解促進のために読む段階では、出てくる判例を関連判例も含めていちいち精読したのでは、時間がいくらあっても足りませんので、「閉じた」読みで留めておくしかないかもしれません。しかし、ゼミで判例を読む、ひいては判例研究を自分で執筆する、という場合は、**「開かれた」読み**をする必要があります。他の判例や、学説の動向の中で、当該の判例の意義あるいは、位置づけはどのようになるのか、あるいは将来の事件に対してどのような影響を及ぼしうるか、さらには、読み手であるみなさんは、判例の提示する法理論や事案の解決に対して、どういう意見を持つのか、といったことを、自らの判例研究の成果を口頭あるいは文章の形で発表する際に、明らかにする必要があります。

第 2 項　判例そのものの読解と整理

(1) 事案の概要

　裁判になるまでの経過（事件が発生してから、それが原告の訴えによって裁判所に持ち込まれるまでのプロセス）を明らかにする必要があります。判例評釈が公表されている場合は、そこに要約されていますので、ついついそれを引き写して済ませようという誘惑に駆られますが、評釈中の要約は、往々にして過不足があります。ゼミでは、事案の細部にわたる事情が問題にされることもありますから、判決文を手がかりにして、自分で要約を作るようにしましょう。

(2) 裁判の経過

　訴えが提起された後、最上級審に至るまでの各審級における裁判所の判断（結論）と、その理由の要旨、当事者は裁判所の判断に対してどのような応答をしたかをまとめる必要があります。このうち、裁判所の判断の理由の要旨を整理する前提としては、その判例で問題とされている論点（法的問題点）を特定、抽出し、それについての裁判所の判断がどうであるか、という形で整理しておくと、後の作業がやりやすくなります。なお、論点は、1 つとは限らないですし、途中の審級から問題が発生した、という場合もありますので、論点ごとに各審級における判断がどうであるかについて、対照表のようなものを作るのもよいでしょう。また、論点どうしが関連性を有する場合があるので、そのような場合、その関連性も整理しておくとよいでしょう。

（3）裁判所の判断

　最上級審の判断（結論及び理由づけ）がどのようであるかを提示する必要があります。結論を導くために裁判所が用いた一般命題と、その当てはめのプロセスが見えるようにまとめるのがベストです。また、特に破棄判例の場合と、結論は上告棄却だが、原審とは理由づけが異なることが窺われる場合とでは、下級審段階の判断と対比する必要もあります。なお、最高裁判例について、少数意見が付されている場合は、どの法的問題についてのものかを特定したうえで、多数意見と対比しながら整理する必要があります。

第3項　分析と展開

（1）検討対象となっている判例の意義

　判例研究のいわば**「主題文」**として、検討対象となっている判例が、いかなる法的問題についていかなる判断を下したのか、それが新判断か事例判断か、などを簡潔に要約して提示します。判例研究を文章でまとめる場合であれ、口頭で発表する場合であれ、その作業は、煎じ詰めて言えば、ここで提示したことを、過不足のない論拠を提示しつつ論証することにほかなりません。なお、法的問題を指摘する場合、必要に応じて条文を特定・指示すべきことは言うまでもありません。

（2）先例・学説の紹介、整理

　上記（1）の主題文を論証する上で論拠となるのは、みなさんが紹介、整理した先例・学説です。例えば、判例の示した判断が、過去の判例の蓄積との関係でどういう位置づけになるかは、過去の判例の蓄積を紹介、整理したものを基礎にしないと論証できないですし、判例の示した解釈と同じ解釈をとる学説があったとすれば、その学説を、誰がどの媒体で公表しているかという、出典を適切に明示することで初めて、「判例は〇〇説の立場を採用した」、という命題を論証することができます。

　まず、研究対象となっている判例が扱う法的問題と同じ問題を扱っていたケースまたは、関連する問題を扱っていたケース（**先例**）を検索・収集して、相互の関連性を明らかにするとともに、研究対象となっている判例が判例理論全

第 2 部　判例読解の部

体の中でどのように位置づけられるかを説明する必要があります。この説明をする際には、一般命題だけを対比するのではなく、常に事案（事実関係）に即した説明を心がけてください。なお、先例・関連判例をいくつくらい集めてくればよいでしょうか、という質問を受けることがありますが、研究対象となっている判例によって、多い場合もあれば少ない場合もありますので、一概には言えません。なお判例の中には、一般命題を定立した後に先例を引用しているものがあります。その場合は、「判例の書き手（担当裁判官）は、引用したそのケースを、本件事件の先例と位置づけることができると認識している」ということが読み取れます。逆に、先例を引用しつつ、「事案を異にし、本件に適切でない」とされているときは、「判例の書き手は、引用したそのケースを、本件事件の先例と位置づけることはできないと認識している」ということが読み取れます。

　次に、研究対象となっている判例が扱う法的問題（論点）について、過去の学説を検索し、その分布を整理する必要があります。その際には、いわゆる**教科書を引用するだけでは無意味です**。多くの場合、教科書は、誰かの説を引き写して書いているくせに、さも著者が自分で考えたかのように書かれていますが、大事なのは、ある考え方を最初に唱えたのは誰か、それに誰が賛成しているか、というのが検証できることです。いわゆる教科書では、他人の説を引用する際にも、特にその出典が挙げられることもなく、例えば「○○の問題については、次のような考え方がある」などとあって、説が列挙してあることがあります。この記述は、教科書の書き手が、他人の考えたことを整理、要約した結果を表しているだけで、その問題について教科書の書き手が自分で考えたことは、示されていません。みなさんとしては、教科書の書き手の整理、要約を「真に受ける」のではなく、そこに出てくる「考え方」のオリジナルを探し、自分の力で整理、要約、分析してください。

(3)　判例の事後評価
　判例はあくまで、それが出た時点の法状況を反映したものです。したがって、検討対象となっている判例に続いて、何かそれに関連する判例が出たか、そこにおいて検討対象となっている判例がその判例にどのような影響を及ぼしているか、さらに、検討対象となっている判例を受けて、学説はどのように展開したか、といった視点からの分析も必要になります。逆に、検討対象となっている判例に先立ち、何かそれに関連する判例があったか、検討対象となっている判例はそれに先立つ判例からいかなる影響を受けているか、さらに、その時点

における学説の状況が検討対象となっている判例にどのような影響を及ぼしたか、といった視点からの分析をすべき場合もあるでしょう。

なお、最近出たての判例を読む場合には、その判例を受けた動きの分析など、しようがないではないか、と言われるかもしれません。しかし、いったん出された判例が、それ以後の裁判に先例として影響を及ぼす可能性があることは何ら変わりませんから、その「射程」を明らかにしておく必要があります。つまり、検討対象としている判例が最近出たてで、後に続く判例が見当たらない場合であっても、そこで示された一般命題は、類似の事件が裁判所に持ち込まれた場合にどこまで妥当するかを、予測してみる必要があります。

(4) 私見の提示

みなさん自身が、検討対象となっている判例をどのように評価するか、そして、その結論を明らかにし、論証してください。結論については、単純に賛成、反対のこともあれば、この部分は賛成だが、別の部分は反対とか、本件事案を解決する限りで賛成とか、結論には賛成だが理由づけには反対とか、いろいろな可能性があり得ます。いずれにせよ、みなさんが何らかの評価を下す場合、論拠を提示してそれを論証する責任があります。論証するというのは、単なる「感覚論」ではなく、ここまでの検討の結果をもふまえて、論拠を提示することが求められる、ということです。

第4項 その他

参考文献については、本文中に注番号を入れて、①脚注で文献とその参照個所を指示していく方法、②末尾に文献リストと引用方法を書いておき、脚注ではそれに従う方法、があります。その他、レジュメあるいは判例研究のレポートの体裁については、ゼミの先生の指導に従ってください。

練習問題の解答と解説

練習問題 1

> すべてを掲げると煩瑣に堪えないので、注意すべきことを説明するに止めます。
>
> 例えば、男女雇用機会均等法は、雇用の分野における男女の均等な機会及び待遇の確保等に関する法律（昭和 47 年法律第 113 号）、独占禁止法は、私的独占の禁止及び公正取引の確保に関する法律（昭和 22 年法律第 54 号）というのが正式名称になっています。六法に掲載されている法令の場合は、六法の法令名索引が通称でも引くことができるようになっています。
>
> 他方、個人情報保護法は、政治・経済の用語集の説明を読む限り、個人情報の保護に関する法律（平成 15 年法律第 57 号）を念頭に置いた記述となっていますが、六法の法令名索引を引くと、行政機関の保有する個人情報の保護に関する法律（平成 15 年法律第 58 号）がでてきます（このほかに、独立行政法人等の保有する個人情報の保護に関する法律（平成 15 年法律第 59 号）というのもあります）。
>
> 六法に載っていない法律の場合は、総務省の法令データベースで、用語検索をするほかないでしょう。
>
> それぞれの法律が最初に制定されたときの、公布・施行の年月日、法令番号は、六法を引けばすぐ出てきます。その際には、その法律の制定後、一部改正がされる場合における一部改正法の公布・施行の年月日、法令番号と混同しないように注意してください（特に、法律の末尾に、「附則」がいくつも掲載されている場合、要注意です）。六法に載っていない法律の場合は、総務省のデータベースでその法律を検索すると、画面上に「法令沿革」というところへのリンクが表示され、そこから網羅的に調べることができます。

練習問題 2

> ① 平成 26 年 6 月 4 日 24 時
>
> 「解散の日から 40 日以内」ですから、初日不算入により、解散の翌日である 4 月 26 日から起算して（＝4 月 26 日を 1 日目として）、40 日目は 6 月 4 日になり、末日の終了する 24 時が期間の満了点になります。
>
> ② 平成 27 年 2 月 10 日 24 時
>
> 「処分又は裁決があったことを知った日から 6 箇月」ですから、初日不算入により、処分又は裁決があったことを知った日の翌日である 8 月 11 日が起算点となります（＝8 月 11 日を 1 日目とすることになります）。そして、月によって期間を定めたときは、暦によって計算しますので、翌年の 2 月における応当日である 2 月 10 日の終了時、つまり 2 月 10 日の 24 時が満了点になります。

③ 平成31年7月3日（24時）

「追認することができる時から5年間」ですから、初日不算入により、追認できるようになった日の翌日である7月4日が起算点となります（＝7月4日を1日目とすることになります）。そして、年によって期間を定めたときも、暦によって計算しますので、5年後の応答日である7月3日の終了時、つまり平成31年7月3日の24時が満了点になります。

④ 平成26年6月9日（24時）

大判昭和10・7・15新聞3916号5頁によれば、株主総会の招集通知と総会当日までの期間は、株主に総会出席のための準備期間を与える趣旨で設けられたものであるから、通知書を発した日の翌日から起算して、会日までの間に少なくとも2週間の日数がなければならない、とされています。これを前提にするならば、会日である平成26年6月24日と招集通知を発する日との間に2週間の日数が必要となりますから、6月23日から起算して遡ること2週間目、つまり6月10日までを間に置き、その前日である6月9日までに招集通知を発する必要があります。

⑤ 平成26年10月7日（24時）

「裁判の告知を受けた日から1週間の不変期間内」ですから、初日不算入により、裁判の告知を受けた日の翌日である、10月1日が起算点となります（＝10月1日を1日目とすることになります）。そして、この日から1週間が経過する、10月7日が期間の満了点になります。

⑥ 平成56年2月1日24時

「刑の言渡しが確定した後30年」ですが、刑の言渡しの後、上訴のための期間が満了した時点で、刑の言渡しが確定することになります。そうすると、平成26年2月1日に刑の言渡しが確定したという場合、2月1日24時が経過して初めてそういうことになります。そして、これと同時の2月2日0時から起算して30年というのが、ここでの期間ですから、時効は平成56年2月1日24時に完成することになります。

⑦ 平成26年12月25日16時30分

「被疑者を受け取った時から24時間以内」で、時によって期間を計算するときは即時から起算し、結局12月24日16時30分から24時間が経過する、12月25日16時30分までに勾留請求をすべきことになります。

練習問題 3

① まず、「及び」が「消費者の被害の防止」と「救済に資する差止請求権の行使の結果に関する情報の提供」とを結んでいることはすぐに分かります。次に、この部分は条文上、「差止請求関係業務」を定義づけていることを考えると、いくつかの「業務」が列挙されていると読むことができるので、次のようになります。

練習問題の解答と解説

　　（1）{ 不特定かつ多数の消費者の利益のために差止請求権を行使する**業務** }
並びに
　　（2）{「当該業務の遂行に必要な消費者の被害に関する情報の収集」
　　並びに
　　　　　「(消費者の被害の防止)
　　　　　及び(救済に資する差止請求権の行使の結果に関する情報の提供)」
　　　　　　　　　　　　　　　　　　　　　　　　　　　　　に係る**業務** }

② まず、「及び」はここでは、「第3条」「第4条第1項」「第2項」の3つを結んでいます。次に最初の「並びに」は、21条1項の規定により読み替えられたものを示すくくりなので、「第3条、第4条第1項及び第2項並びに第5条第1項」がひとつのまとまりとなります。そしてこれと並立して、前項の規定により読み替えて準用されるものが、第18条であると読むことができるので、次のようになります。

　　（1）第1項の規定により読み替えられた
　　　　{「(第3条)、(第4条第1項)及び(第2項)」並びに「第5条第1項」}
並びに
　　（2）前項の規定により読み替えて準用される
　　　　{ 第18条 }

③ まず、「国」と「地方公共団体」、「創造」と「保護」と「活用」、「大学」と「高等専門学校」が、それぞれ「及び」で結ばれていますから、これが一番小さい接続となります。
　次に、「知的財産の創造、保護及び活用に関する施策であって、大学及び高等専門学校並びに大学共同利用機関に係るもの」までが、全体として「策定し」「実施する」事項・対象を示していますが、「…であって」の前後で区切ると、後ろの部分が前の部分を限定している関係にあります。つまり、「施策」こそが、策定し、実施するものということになります。そして、「大学及び高等専門学校」と「大学共同利用機関」が並列になっています。最後の部分もこれと同様ですから、結局、次のようになります。

　　（1）「(国)及び(地方公共団体)」は、
　　（2）「知的財産の(創造)、(保護)及び(活用)に関する」**施策**であって、
　　　　　↑（「施策」の限定）
　　　　{「(大学)及び(高等専門学校)」並びに「大学共同利用機関」}

練習問題の解答と解説

```
                                              に係るものを
　（3）{「策定し」、並びにこれを「実施する」}
                                              に当たっては、
　（4）研究者の自主性の尊重その他 ←（「研究の特性」の例示）
    {「（大学）及び（高等専門学校）」並びに「大学共同利用機関」}
                                  における研究の特性に配慮しなければならない。
```

　なお、（3）の「並びに」に対応する小さなまとまりは、（1）の「及び」になります。つまり、（1）で「国」と「地方公共団体」を並べた上で、この両方がなすことをさらに（3）で並べているわけです。

練習問題 4

　この条文では、前半で主語にあたるものがいろいろと列挙された上で、後半でそれらの者がすることができることを示しています。そして、主体になるものが、「又は」でつながれていますから、「その申し込みをした者」と「その購入者若しくは役務の提供を受ける者」というのが、一番大きなくくりになります。そこで、あとは「若しくは」の階層を分けながら分節すると、

A

① 「販売業者**若しくは**役務提供事業者」が　電話勧誘行為により電話勧誘顧客から
② （1）「（商品若しくは指定権利）**若しくは**役務」の
　　（2）「売買契約**若しくは**役務提供契約」の申し込みを
　　　郵便等により受けた場合における、

その**申込者**

又　は

B

① 「販売業者**若しくは**役務提供事業者」が　電話勧誘行為により電話勧誘顧客と
② （1）「（商品若しくは指定権利）**若しくは**役務」につき
　　（2）「当該売買契約**若しくは**当該役務提供契約」を
　　　郵便等により締結した場合における、

「その**購入者　若しくは　役務の提供を受ける者**」

は、

書面により

C 「（その売買契約**若しくは**役務提供契約）の申込みの撤回

又　は

> D（その売買契約**若しくは**役務提供契約）の解除」
>
> を行うことができる。

練習問題 5

以下、みなさんが勉強をする上で参照すべきと思われる部分に限定しておきます。他の審級における裁判がどうであったかについては、必要に応じて、各法分野の講義に委ねます。

朝日訴訟

> 最高裁昭和 39 年（行ツ）第 14 号　生活保護法による保護に関する不服の申立に対する裁決取消請求事件　昭和 42 年 5 月 24 日大法廷判決　民集 21 巻 5 号 1043 頁

「宴のあと」事件

> 東京地裁昭和 36 年（ワ）第 1882 号　損害賠償請求事件　昭和 39 年 9 月 28 日判決　下民集 15 巻 9 号 2317 頁、判時 385 号 12 頁

砂川事件

> 最高裁昭和 34 年（あ）第 710 号　日本国とアメリカ合衆国との間の安全保障条約第 3 条に基く行政協定に伴う刑事特別法違反被告事件　昭和 34 年 12 月 16 日大法廷判決　刑集 13 巻 13 号 3225 頁

この事件は、昭和 34 年 3 月 30 日に東京地裁が言い渡した第 1 審判決（東京地裁昭和 32 年（特わ）第 367 号、昭和 32 年（特わ）第 368 号。裁判長にちなみ「伊達判決」と通称されます）に対して、検察官が最高裁判所に跳躍上告（刑事訴訟規則 254 条参照）したものです。

免田事件

> 最高裁昭和 54 年（し）第 109 号　再審請求棄却決定に対する即時抗告についてした決定に対する特別抗告事件　昭和 55 年 12 月 11 日決定　刑集 34 巻 7 号 562 頁

この事件は、死刑判決の確定後に再審が開始され、逆転無罪となった初のケースとして有名ですが、本来の意味での事件は、①原判決の確定に至るまでの被告事件、②原判決確定後の 5 回にわたる再審請求事件（すべて棄却）、③6 度目の再審請求事件を経て、④再審事件の 4 つ（8 つ）があります。上は、③に関する最高裁決定です。

カフェー丸玉事件

> 大審院昭和 9 年（オ）第 2872 号　貸金請求事件　昭和 10 年 4 月 25 日判決　新聞 3835 号 5 頁

たぬきむじな事件

> 大審院大正 14 年（れ）第 306 号　狩猟法違反被告事件　大正 14 年 6 月 9 日判決　刑集 4 巻 378 頁

ちなみに、この事件の直前の類似事件である、大判大正 13 年 4 月 25 日刑集 3 巻 364 頁

は、俗に「むささびもま事件」と呼ばれています。

宇奈月温泉事件

> 大審院昭和9年（オ）第2644号　妨害排除請求事件　昭和10年10月5日判決　民集14巻1965頁

富喜丸事件

> 大審院大正12年（オ）第398号、第521号　損害賠償請求事件　大正15年5月22日民事刑事連合部中間判決　民集5巻386頁

大学湯事件

> 大審院大正14年（オ）第625号　損害賠償請求事件　大正14年11月28日判決　民集4巻670頁

残念残念事件

> 大審院昭和元年（オ）第375号　損害賠償慰藉料請求事件　昭和2年5月30日判決　新聞2702号5頁

この事件は差戻しを経て、その後、再上告がなされ（大審院昭和4年（オ）第211号）、昭和4年5月2日に判決がなされています。また、これとは別に、大審院昭和7年（オ）第3149号損害賠償請求事件・昭和8年5月17日判決は「第2残念事件」と呼ばれています）。

秋北バス事件

> 最高裁昭和40年（オ）第145号　就業規則の改正無効確認請求事件　昭和43年12月25日判決　民集12巻13号3459頁

三菱樹脂事件

> 最高裁昭和43年（オ）第932号　労働契約関係存在確認請求事件　昭和48年12月12日大法廷判決　民集27巻11号1536頁

阪神電鉄事件

> 大審院昭和6年（オ）第2771号　損害賠償請求事件　昭和7年10月6日判決　民集11巻2023頁

事項索引

あ 行

- 当てはめ　119, 125, 140
- 以下　53
- 以外　73
- 意見　121
- 以後　53
- 以降　53
- 以上　53
- 以前　53
- 一部改正　19
- 一般命題　105, 118, 119, 139, 140
- 以内　53
- 訴え　127, 128
  - ――却下　127
- 枝番号　20
- 同じである　42
- 及び　58

か 行

- 解除条件　56
- 係る　66
- かつ　60
- 関する　66
- 官報　9, 16
- 期間　53, 54
- 期限　53, 56
- 起算点　54
- 期日　53
- 金融・商事判例　100
- 訓示規定　69
- 経過措置　30
- 刑事法ジャーナル　163
- 刑集　100
- 刑録　100
- 決定　98, 99
- 原審　117
- 原本　107
- 項　40
- 号　45
- 甲号証・乙号証　139
- 控訴　144
  - ――院　97
  - ――棄却　143
  - ――却下　143
- 後段　41
- 公布文　25
- 抗弁　132
- 抗弁に対する認否　132
- 超える　53
- この限りでない　44
- この場合において（は）　43

さ 行

- 最高裁判所判例解説　162
- 裁判上の自白　133
- 裁判例　124
- 裁判所　95
  - 家庭――　95, 97
  - 簡易――　96, 97
  - 区――　98
  - 高等――　95, 96
  - 最高――　95, 96
  - 地方――　95, 97
- 罪刑法定主義　88
- 雑則　24
- 妨げない　44
- 参照条文　49, 112
- 始期　56
- 事件番号　101
- 事件名　101
- 施行期日　18
- 事実　128, 131
- 事実審　117

事項索引

事実認定	117, 133
しなければならない	69
しなければならない	68
私法判例リマークス	163
終期	56
重要判例解説	160
出典	99
主文	113
ジュリスト	161
準用	47
条件	56
証拠	134
上告	108, 156
──棄却	109, 119
──却下	109
──受理申立て理由	125, 154
──理由	125, 154
証拠の摘示	138
少数意見	121
条文の引用法	51
条文の見出し	26
条理	87
初日不算入	55
所論	120
事例判断	122
新判例	122
推定する	72
速やかに	56
することができない	70
することができる	71
するものとする	70
請求	127, 128
──棄却	127
──原因	132
──に対する認否	132
──認容	127
──の趣旨	131
──に対する答弁	131
制定文	26
成文法	76
正本	107
前段	41

全部改正	19
総則	22
訴外	104
速報判例解説　新・判例解説 Watch	161
訴訟終了宣言	127
訴訟要件	127
その他	74
その他の	74

た 行

大審院	97
大審院連合部	97
ただし	43
──書	43, 44
直ちに	56
遅滞なく	56
沈黙	133
通則	23
停止条件	56
当事者の主張	132
当事者の求めた裁判	131
当分の間	57
謄本	107
同様とする、同様である	42
とき	65
時	66
時の判例	161
取消移送	143
取消差戻し	143
取消自判	143
努力義務	69

な 行

乃至	47
並びに	58
除いて	73
除く	44
のほか	74

は 行

| 場合 | 65 |
| 廃止制定 | 19 |

破棄（判決）・・・・・・・・・・・・・・・109, 113
　　──移送・・・・・・・・・・・・・・・・・109, 144
　　──差戻し・・・・・・・・・・・・・・・109, 144
　　──自判・・・・・・・・・・・・・・・・・109, 144
柱　書・・・・・・・・・・・・・・・・・・・・・・・・・・・45
罰　則・・・・・・・・・・・・・・・・・・・・・・・・・・・24
判　決・・・・・・・・・・・・・・・・・・・・・・・・・・・98
　管轄違いの──・・・・・・・・・・・・・・・127
　形式──・・・・・・・・・・・・・・・・・・・・・127
　刑の言渡しの──・・・・・・・・・・・・・127
　刑の免除の──・・・・・・・・・・・・・・・127
　公訴棄却の──・・・・・・・・・・・・・・・127
　実体──・・・・・・・・・・・・・109, 127, 144
　訴訟──・・・・・・・・・・・・・109, 127, 143
　中間──・・・・・・・・・・・・・・・・・・・・・98
　本案──・・・・・・・・・・・・・109, 127, 143
　無罪──・・・・・・・・・・・・・・・・・・・・・127
　免訴の──・・・・・・・・・・・・・・・・・・・127
　有罪──・・・・・・・・・・・・・・・・・・・・・127
判　旨・・・・・・・・・・・・・・・・・・・・・・・・・・・104
反　訴・・・・・・・・・・・・・・・・・・・・・・・・・・・128
反対意見・・・・・・・・・・・・・・・・・・・・・・・121
判　例・・・・・・・・・・・・・・・・・・・・・・76, 154
　　──による法創造・・・・・・・・・・・・87
　　──の先例的価値・・・・・・・・・・・・86
判例時報・・・・・・・・・・・・・・・・・・・・・・・100
判例セレクト・・・・・・・・・・・・・・・・・・・161
判例タイムズ・・・・・・・・・・・・・・・・・・・100
判例付六法・・・・・・・・・・・・・・・・・・・・8, 88
判例百選シリーズ・・・・・・・・・89, 93, 100
判例評釈・・・・・・・・・・・・・・・・・・・・・・・160
判例評論・・・・・・・・・・・・・・・・・・・・・・・163
附　則・・・・・・・・・・・・・・・・・・・・・・26, 29
不　知・・・・・・・・・・・・・・・・・・・・・・・・・・・134
不文法・・・・・・・・・・・・・・・・・・・・・・・・・・・76
文理解釈・・・・・・・・・・・・・・・・・・・・・・・・・75
別　表・・・・・・・・・・・・・・・・・・・・・・・・・・・27
弁論の全趣旨・・・・・・・・・・・・・・・・・・・139
法学協会雑誌・・・・・・・・・・・・・・・・・・・163
法学教室・・・・・・・・・・・・・・・・・・・・・・・161
法学セミナー・・・・・・・・・・・・・・・・・・・161
法教育・・・・・・・・・・・・・・・・・・・・・・・・・・・77

法曹時報・・・・・・・・・・・・・・・・・・・・・・・162
法廷意見・・・・・・・・・・・・・・・・・・・・・・・121
法　律・・・・・・・・・・・・・・・・・・・・・・・・・・・13
法律審・・・・・・・・・・・・・・・・・・・・・・・・・117
法　令・・・・・・・・・・・・・・・・・・・・・・・・・・・・7
　　──全書・・・・・・・・・・・・・・・・・・・・・9
　　──の改正・・・・・・・・・・・・・・・・・18
　　──の公布・・・・・・・・・・・・・・・・・16
　　──の施行・・・・・・・・・・・・・・・・・18
　　──の前文・・・・・・・・・・・・・・・・・25
　　──の題名・・・・・・・・・・・・・・・・・14
　　──の目次・・・・・・・・・・・・・・・・・21
　　──番号・・・・・・・・・・・・・・・・・・・16
補　則・・・・・・・・・・・・・・・・・・・・・・・・・・・24
補足意見・・・・・・・・・・・・・・・・・・・・・・・121
本　訴・・・・・・・・・・・・・・・・・・・・・・・・・128
本　則・・・・・・・・・・・・・・・・・・・・・・・・・・・26
本　文・・・・・・・・・・・・・・・・・・・・・・43, 44

ま　行

又　は・・・・・・・・・・・・・・・・・・・・・・・・・・・61
満了点・・・・・・・・・・・・・・・・・・・・・・・・・・・54
みなす・・・・・・・・・・・・・・・・・・・・・・・・・・・72
未　満・・・・・・・・・・・・・・・・・・・・・・・・・・・53
民　集・・・・・・・・・・・・・・・・・・・・・・・・・100
民商法雑誌・・・・・・・・・・・・・・・・・・・・・163
民　録・・・・・・・・・・・・・・・・・・・・・・・・・100
若しくは・・・・・・・・・・・・・・・・・・・・・・・・・61
文　言・・・・・・・・・・・・・・・・・・・・・・・・・・・40

や行・ら行

よって・・・・・・・・・・・・・・・・・・・・・・・・・・・67
理　由・・・・・・・・・・・・・・・・・・・・・・113, 114
例による・・・・・・・・・・・・・・・・・・・・・・・・・49
六　法・・・・・・・・・・・・・・・・・・・・・・・・・・・・6
論　旨・・・・・・・・・・・・・・・・・・・・・・・・・117

◆ 著者紹介

福 本 知 行（ふくもと ともゆき）

1975年　生まれ
1994年　滋賀県立膳所高校卒業
1998年　金沢大学法学部卒業
2000年　金沢大学大学院法学研究科修士課程修了
2003年　大阪市立大学大学院法学研究科後期博士課程単位取得退学
現　在　金沢大学法学類准教授

〔主要業績〕
「参加的効力と反射的効力─既判力の主観的拡張の純化　補遺─」（法学雑誌55巻3・4号）
「ドイツ民事訴訟法における補助参加の利益論の形成」（金沢法学46巻1号）

法令・判例学習のツボとコツ

2016年1月20日　初版第1刷発行

著　者　福本知行
発行者　田靡純子
発行所　株式会社 法律文化社

〒603-8053
京都市北区上賀茂岩ヶ垣内町71
電話 075(791)7131　FAX 075(721)8400
http://www.hou-bun.com/

＊乱丁など不良本がありましたら、ご連絡ください。
　お取り替えいたします。

印刷：西濃印刷㈱／製本：㈱藤沢製本
ISBN978-4-589-03718-3
©2016 Tomoyuki Fukumoto Printed in Japan

JCOPY　〈(社)出版者著作権管理機構　委託出版物〉
本書の無断複写は著作権法上での例外を除き禁じられています。複写される
場合は、そのつど事前に、(社)出版者著作権管理機構（電話 03-3513-6969、
FAX 03-3513-6979、e-mail: info@jcopy.or.jp）の許諾を得てください。